Rolf Krenzer

WINTERZEIT KINDERZEIT

Neue Geschichten, Spiele
und viele neue Spiellieder
von Rolf Krenzer und Martin Göth

mit vielen bunten Bildern
von Iris Buchholz, Stefan Horst
und Elke Junker

Verlag Ernst Kaufmann

Zu den vierzehn neuen Liedern dieses Buches
gibt es eine CD,
die beim Verlag Ernst Kaufmann
unter der Nr. 3-7806-2371-4
bestellt werden kann.

Die Deutsche Bibliothek – CIP-Einheitsaufnahme

Krenzer, Rolf:
Winterzeit – Kinderzeit: neue Geschichten, Spiele und viele neue Spiellieder / von Rolf Krenzer und Martin Göth. Mit Ill. von Iris Buchholz ... – 2. Aufl. – Lahr: Kaufmann, 1995
ISBN 3-7806-2311-0
NE: Göth, Martin [Komp.]; Buchholz, Iris [Ill.]

2. Auflage 1995

Hergestellt bei Kösel GmbH, Kempten
ISBN 3-7806-2311-0

Inhaltsverzeichnis

Vorwort

Alles, was Kinder am Winter interessiert, wird in vielen funkelnagelneuen Geschichten so vorgestellt und aufbereitet, daß Erzieherinnen und Erzieher, Lehrerinnen und Lehrer, Eltern, Großeltern und alle, die sich mit Kindern im Vorschul- und ersten Grundschulalter beschäftigen, ihre helle Freude daran haben. Kinder, die beim Vorlesen oder Singen gern mit ins Buch schauen, finden bei den Geschichten und Liedern viele lustige Bilder, die zu eigenen Entdeckungen anregen.

Der Bogen reicht vom Martinstag mit einem neuen Martinsspiel, in dem diesmal eine ganz andere als die sonst übliche Geschichte im Mittelpunkt steht, bis zu den Heiligen drei Königen und zur Fastnacht – mit Liedern und Texten zum ausgelassenen Fastnachtstreiben im Kindergarten.

Zu den großen Werkbüchern (Adventszeit im Kindergarten, Weihnachten im Kindergarten usw.), die längst zu Standardwerken geworden sind, beginnt hiermit der Start einer kleineren, dafür bunt ausgestatteten Reihe mit neuen vielseitigen Angeboten.

Alle Krenzer-Lieder, die für diese Sammlung neu entstanden sind, wurden von Martin Göth komponiert und mit vielen Kindern und Original-Instrumenten auf der gleichnamigen CD „Winterzeit – Kinderzeit“ in Verbindung mit dem Verlag Ernst Kaufmann herausgebracht und sind durch ihn zu beziehen.

Steht der Winter vor der Tür

Text: Rolf Krenzer, Melodie: Martin Göth

Steht der Winter vor der Tür?
Steht er schon im Garten?
Ist der Winter wieder hier?
Laßt ihn draußen warten!
Friert der kleine Teich schon zu…
Hu, hu, hu!
Winter, Winter, ach laß uns doch in Ruh.

Steht der Winter vor der Tür?
Steht er schon im Garten?
Ist der Winter wieder hier?
Laßt ihn draußen warten!
Packt er Ski und Schlitten aus…
Kommt heraus!
Winter, Winter, jetzt hält uns nichts im Haus.

Ist der Winter wieder hier,
wolln wir nicht mehr warten.
Öffnen wir ihm schnell die Tür,
laufen in den Garten.
Ziehn wir warme Sachen an…
glaubt mir, dann
Winter, Winter! Jetzt fängt er richtig an.

„Lieber Herr Winter!" schreibt Paul aus Neuss

Wenn Aline einen Brief schreibt, macht ihr das viel Mühe. Sie muß den Bleistift oder ihren Füllfederhalter benutzen. Immer wieder muß sie Mama fragen, wie dieses oder jenes Wort geschrieben wird. Und oft muß sie viel mit ihrem bunten Radiergummi oder mit dem Tintenkiller radieren. So viel, daß Aline manchmal überhaupt keine Lust mehr zum Schreiben hat.

Paul hat es noch viel schwerer. Er geht noch nicht zur Schule und kann nicht schreiben. Dabei gäbe es so viele Briefe, die Paul gern schreiben würde. Zum Beispiel einen Brief an den Winter, der immer noch auf sich warten läßt, obwohl ihn Paul sich so sehr herbeiwünscht.

Da hat es Papa viel, viel besser. Er braucht keinen einzigen Brief selbst zu schreiben. Das hat Paul selbst gesehen, als er ihn einmal in seinem Büro besucht hat.

Da sitzt nämlich Frau Reiter-Brumbach am Computer. Frau Reiter-Brumbach hat kein Pferd. Sie heißt nur so. Aber sie ist Papas Sekretärin und schreibt alle Briefe in den Computer, die Papa ihr diktiert.
Papa sagt nur: „Bitte, Frau Reiter-Brumbach, schreiben Sie!“ Und schon geht es los. Eh’ du dich versiehst, ist der Brief fertig. Dann braucht Papa ihn nur noch zu unterschreiben. Wenn Paul eine Frau Reiter-Brumbach hätte, ja, dann könnte er auch viele Briefe schreiben!
„Darf ich deiner Frau Reiter-Brumbach einen Brief an den Winter diktieren?“ fragt Paul Papa.
„Natürlich darfst du das! Aber wann willst du in mein Büro kommen?“
Ja, das ist schwierig! Wenn Papa in seinem Büro ist, ausgerechnet dann ist Paul im Kindergarten. Und wenn am Wochenende kein Kindergarten ist, ist Papa natürlich auch nicht im Büro, sondern zu Hause.
„Schade! Es geht nicht!“ sagt Paul traurig.
Doch dann fällt ihm plötzlich der kleine Walkman ein, den Papa am Wochenende oft mit nach Haus bringt. „Du schreibst doch auch Briefe mit deinem kleinen Walkman!“ sagt er deshalb. Papa sieht ihn erstaunt an. Dann fällt ihm ein, was Paul meint. „Das ist mein kleines Diktiergerät!“ erklärt er ihm. „Ich spreche das hinein, was Frau Reiter-Brumbach am Montag schreiben soll.“
„Auch Briefe?“ fragt Paul.
„Natürlich!“ lacht Papa. „Fast immer nur Briefe!“
„Und wenn du nicht weißt, wo die Leute wohnen?“
„Frau Reiter-Brumbach weiß das ganz bestimmt!“ lacht Papa. „Dafür ist sie ja meine Sekretärin!“
„Ob ich meinen Brief an den Winter hier hineinsprechen soll?“ fragt Paul und deutet auf das Diktiergerät.
„Fang nur einfach an!“ sagt Papa. „Ich helfe dir dabei!“

„Ich weiß, was ich schreiben will!" meint Paul.
„Ich helfe dir ja nur, das Gerät zu bedienen!"
„Ich weiß aber nicht, wo der Winter wohnt!"
Papa klopft Paul auf die Schulter. „Das weiß Frau Reiter-Brumbach bestimmt auch. Wir können uns ganz auf sie verlassen!"
„Also...," sagt Paul. Und dann: „Bitte, Frau Reiter-Brumbach, schreiben Sie!"
„Und jetzt?" flüstert er Papa zu.
„Sage einfach, was du dem Winter schreiben willst!"
Da diktiert Paul seinen ersten Brief:
„Lieber Herr Winter!
Seit Oktober warte ich auf Schnee. Jetzt ist schon der November herum, und es wird wirklich Zeit! Voriges Jahr habe ich einen neuen Schlitten bekommen. Den möchte ich unbedingt ausprobieren. Und einen Schneemann will ich auch bauen. Vielleicht sogar zwei. Bitte, lieber Herr Winter, kommen Sie bald und fangen Sie endlich mit dem Eis und Schnee an. Ich warte sehr darauf. Ihr Paul aus Neuss am Rhein."
Paul nickt Papa zu. „Damit mich der Winter auch findet!"
„Montag geht die Post ab", sagt Papa und steckt das Diktiergerät in seine Tasche.
Und nun wartet Paul.
Er wartet eine ganze Woche lang.
„Jetzt müßte der Winter doch eigentlich meinen Brief haben!" meint er einmal.
„Du kennst doch die Post!" sagt Papa, und Paul nickt.
„Du hättest ihm den Brief faxen sollen!" sagt Papa einmal. „Schade, daß wir daran nicht gedacht haben!"
Aber letzten Sonntag, als Papa gerade vor dem Fernseher eingeschlafen ist, wird er von Paul geweckt.
„Wir haben Glück!" ruft Paul fröhlich und zerrt Papa zum Fenster. „Der Winter hat meinen Brief bekommen! Schau nur, es schneit!"

SANKT MARTIN,
DU HAST SO VIEL
GUTES GETAN

Sankt Martin

Text: Rolf Krenzer, Melodie: Martin Goth

Nachts drauf sprach Christus Martin an:
„Mein Freund, ich suche dich!
Sag', hieltst du nicht dein Pferd an?
Nahmst dein Schwert dann…
teiltest dann mit dem Mann?
Der Bettler, der war ich!
Der Bettler, der war ich!“

Martin und die Gänse

Ein Spiel zum Martinstag

Es spielen:
Die Mönche Martin, Josephus, Markus und Johannes
weitere Mönche und viele Gänse

Als Einführung in das Spiel kann das vorausgegangene Martinslied (Seite 12), als Ausklang das folgende Gänselied (S. 20) eingesetzt werden.

1. Szene

Josephus und Markus sind dabei, große Papierblumen aus farbigem Papier auszuschneiden (oder große, aus Pappe ausgeschnittene Blumen bunt anzumalen.)

Josephus: Das war eine gute Idee, Markus. Wenn wir die Papierblumen auf den Altar in der Kirche stellen, dann leuchtet es wie im Sommer.

Markus: Es sind doch nur Blumen aus Papier.

Josephus: Sie erinnern uns an die schönen Blumen, die wir im Sommer hatten. Jetzt, wenn es Winter wird.

Markus: Gibst du mir mal die Blumen, die noch neben dir liegen? Ich will sie in diese Vase stellen.

Josephus: Du, Markus, kennst du den Mann dort?

Markus: Wo?

Josephus: Dort! Er kommt den Weg herauf, der zum Kloster führt. Er kommt direkt auf uns zu.

Markus: Ein Mönch wie wir. Aber ich habe ihn noch nie gesehen.

Josephus: Ich kenne ihn auch nicht.

Der fremde Mönch kommt näher. Er geht auf einen Stock gestützt. Offenbar hat er einen weiten Weg hinter sich.

Johannes: Grüß Gott, Brüder!

Josephus und Markus: Grüß Gott!

Johannes: Ein weiter Weg ist es zu eurem Kloster! Ich bin Johannes und möchte zu Bruder Martin. Könnt ihr mir sagen, wo ich ihn finde?

Markus: Oh, wir haben zwei Brüder, die Martin heißen.

Josephus: Vielleicht meinst du den alten Bruder Martin. Er kennt jedes Kraut und jede Blume mit Namen. Wenn einer von uns krank ist, muß Bruder Martin helfen. Dabei ist er nun fast schon neunzig Jahre alt.

Johannes: Nein, der kann es nicht sein!

Markus: Dann kannst du nur den anderen meinen. Er war früher einmal Soldat.

Johannes: Genau den meine ich! Er hat doch einmal seinen halben Mantel einem armen Mann geschenkt. Und dieser arme Mann soll Jesus selbst gewesen sein.

Josephus: Frag' ihn besser nicht danach. Er spricht nicht gern davon.

Markus: Er ist so bescheiden! Wir können alle nur von ihm lernen.

Johannes: Er wird unser neuer Bischof werden!

Josephus: Bischof?

Markus: Wenn das einer verdient, dann nur er, unser Bruder Martin. Komm, wir führen dich zu ihm.

Johannes: Morgen schon kommen ehrwürdige Herren der Kirche. Und übermorgen werden sie ihn in der Kirche zum Bischof weihen.

Josephus: Er wird staunen! Jetzt komm schnell damit du ihm das alles selbst sagen kannst!

Johannes: Ich helfe euch, die Blumen hineinzutragen.

Sie gehen alle drei ab.

2. Szene

Fünf (oder mehr) Mönche sind dabei, einen Tisch (den Altar) und den ganzen Raum mit Blumen und Zweigen und Tüchern zu schmücken.

1. Mönch: So, jetzt sind wir bald fertig!

2. Mönch: So viele Blumen!

3. Mönch: Das hätten Bruder Josephus und Bruder Markus nie allein geschafft!

4. Mönch: Es soll aber auch eine ganz besondere Feier werden!

5. Mönch: Sie sind schon da! Die hohen Herren der Kirche!

1. Mönch: Die Bischöfe und Erzbischöfe.

2. Mönch: Nur Bruder Martin nicht, der nachher zum Bischof geweiht werden soll.

3. Mönch: Haben sie ihn immer noch nicht gefunden?

4. Mönch: Bruder Markus und Bruder Josephus suchen ihn schon seit gestern.

5. Mönch: Seit er es erfahren hat, ist er verschwunden.

1. Mönch: Seit heute morgen suchen sie mit vierzig Mönchen nach ihm.

2. Mönch: Er kann doch nicht einfach davonlaufen!

3. Mönch: Er will nicht Bischof werden!

4. Mönch: Er hält sich nicht für gut genug!

5. Mönch: Nicht für würdig!

1. Mönch: Wenn einer wirklich würdig ist, dann nur er!

2. Mönch: Und wenn sie ihn nicht finden?

3. Mönch: Sie suchen das ganze Kloster ab, sogar die Ställe und den Wald.

4. Mönch: Horch nur! Was ist das?

3. Szene

Wildes Gänsegeschnatter und Geschrei im Hintergrund.

Mönche: *durcheinander*

Wir haben ihn gefunden! Ja, da ist er! Endlich! Überall haben wir gesucht! Jetzt haben wir ihn endlich gefunden. Wo war er? Wo hat er gesteckt? Wo hat er sich versteckt? Seht ihr das nicht? Hört ihr das nicht? Wir hätten ihn nie gefunden! Niemals im Leben! Die Gänse haben ihn verraten! War er im Gänsestall? Ja, im Gänsestall! Die Gänse haben es mit der Angst zu tun gekriegt. Sie haben geschnattert und geschrien.

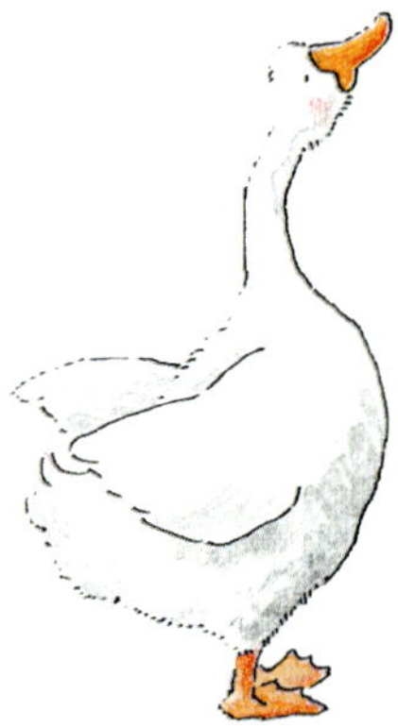

Gelächter und gleichzeitig Gänseschnattern

Ein Mönch versteckt sich im Gänsestall! Ein Bischof im Gänsestall! Hört nur, jetzt lachen die Gänse auch!

Stimme von Martin: Laßt mich los! Ich gehe ja freiwillig mit!

Aus dem Hintergrund wird Martin herangeführt.

Martin: Ja, laßt mich los! Ich laufe bestimmt nicht mehr weg.

Markus: Wir freuen uns alle so, daß du Bischof wirst!

Josephus: Wir wünschen es uns so sehr.

Johannes: Kein anderer soll unser neuer Bischof sein.

Martin: Ich bin nicht würdig!

Markus: Das weiß Gott allein!

Martin: Ich verdiene es nicht!

Josephus: Und wenn Jesus es so will?

Johannes: Selbst die Gänse haben es gewußt. Hätten sie dich sonst verraten?

Martin: Es sind eben Gänse!

Johannes: Da kommen die Erzbischöfe und Bischöfe. Komm mit, wir wollen sie begrüßen.

Sie gehen alle ab. Wer will, kann auch die geistlichen Würdenträger am Schluß noch auftreten lassen. Markus und Josephus bleiben zurück und blicken sich um.

Josephus: Sieh doch nur, wie schön alles geschmückt ist. Unsere Idee war wirklich gut! Was willst du denn mit den beiden Blumen?

Markus: Es sind die schönsten!
Wir schenken sie Martin, wenn er Bischof geworden ist.

Markus gibt eine Blume Josephus. Dann gehen beide langsam ab.

Im Gi-Ga-Gänsestall

Spiellied Text: Rolf Krenzer, Melodie: Martin Göth

Zu dem Text des Liedes läßt sich ein pantomimisches Spiel gestalten. Die Gänse dürfen natürlich laut mitschnattern.

Bewußt wurde in diesem Lied der Teil der Legende nicht aufgenommen, nach dem die Martinsgänse am Martinstag ihr Leben lassen müssen, weil sie den Heiligen verraten haben. Wer will, kann es noch selbst erzählen. Nachzulesen in: Weihnachten im Kindergarten, Edition Kemper im Verlag Ernst Kaufmann, Lahr.

F B
stehn. Drum schnat-tern sie: Ga - gack, ga, ga - ga - ga -
C Dm
ga - ga - gack, was ist heut' für ein un - ge-schick-ter,
C/E F Gm F/A B
an - ge-drück-ter, an - ge - flick-ter ga, ga, gack, was
C B Gm C F
ist heut' für ein an - ge-drück-ter und ver-rück-ter Tag!
Dm
Als Mar - tin Bi - schof wer - den sollt, sagt
C Gm
er be - schei-den: „Nein! Ein klei - nes Licht, wie
A
ich es bin, kann nie - mals Bi - schof sein.“

Weil jeder von dem großen Amt
und so viel Würde spricht,
sagt Martin einfach kurzerhand:
„Nein, das verdien' ich nicht!"

Am Ende hat der Martin sich
im Gänsestall versteckt
und denkt ganz fröhlich vor sich hin:
„Hier werd' ich nicht entdeckt!"

Wie hat er da die Gänse all
im Gänsestall erschreckt.
Sie schnetterten und schnatterten
und war'n so aufgeregt.

Was haben denn die Gänse nur?
Was hat sie so erschreckt?
So hat man schließlich Martin doch
im Gänsestall entdeckt.

So wurde unser Martin dann
am Ende Bischof. Doch
die Gänse in dem Gänsestall,
die schnattern immer noch.

WINTERZEIT
KINDERZEIT

Winterzeit – Kinderzeit

Text: Rolf Krenzer, Melodie: Martin Göth

Winterzeit, Kinderzeit
hat es wieder nicht geschneit?
Winterzeit, Kinderzeit
wann ist es so weit?
He, Frau Holle, werde munter!
Schüttel uns den Schnee herunter.
Winterzeit, Kinderzeit,
daß es endlich schneit.

Winterzeit, Kinderzeit
wenn es doch nur endlich schneit.
Winterzeit, Kinderzeit
wann ist es soweit?
Endlich auf dem Schlitten sitzen
und den Berg herunter flitzen.
Winterzeit, Kinderzeit
jeder ist bereit.

Winterzeit, Kinderzeit
alle Kinder sind bereit.
Winterzeit, Kinderzeit
wann ist es soweit?
Einen Schneemann wolln wir bauen.
Wenn wir jetzt zum Himmel schauen,
Winterzeit, Kinderzeit
seht nur her: es schneit!

Der Hagelheiner

Die Geschichte von der Frau Holle kennt wohl jeder. Auch die Geschichte von der Goldmarie, die für Frau Holle fleißig die Betten schüttelte und dann dafür reich mit Gold belohnt wurde. Die Pechmarie, die alles andere als fleißig war und noch dazu ein böses Mundwerk hatte, erhielt auch ihre Belohnung: Als sie durch das Tor trat, regnete es schwarzes Pech auf sie herunter.
So weit! So gut! Oder gar nicht gut für die Pechmarie.
Aber da gab es auch noch den Hagelheiner.
Eigentlich hieß er nur Heiner. Viel später hat ihm Frau Holle selbst erst den neuen Namen gegeben.
Der Heiner hielt es eines Tages zu Hause nicht mehr aus. Das war damals in dem schlimmen Jahr, als der große Krieg ausgebrochen war und alle jungen und alten Männer Soldaten werden mußten.
Zuerst holten sie den Großvater und den Vater. Sie kamen nie mehr zurück. Heiners Mutter weinte Tag und Nacht, und seine Großmutter starb vor Kummer und Leid. Dann kamen sie wieder und nahmen seine beiden älteren Brüder mit in den Krieg.
„Das nächste Mal bist du dran!" riefen sie und zeigten auf den Heiner, als sie mit den Brüdern davonzogen.
„Versteck' dich, Junge!" sagte die Mutter. „Ich will dich suchen. Wenn ich dich nicht finden kann, dann finden sie dich auch nicht und können dich nicht mitnehmen!"
Da versteckte sich Heiner am Morgen auf dem Dachboden.
Doch die Mutter fand ihn noch am selben Vormittag.
Darauf versteckte er sich im Keller.
Doch die Mutter fand ihn noch am Abend.
Am nächsten Tag versteckte er sich im Schuppen.

Die Mutter brauchte nicht einmal den ganzen Morgen, um ihn zu finden.

Dann lief er in den großen Garten, der bis zum Wald reichte. Doch die Mutter fand ihn noch am gleichen Tag.
Als er aber am nächsten Tag in den Wald lief, da war der Krieg bereits so nah, daß der Heiner nicht weiter konnte. So lief er zurück in den Garten und setzte sich auf den Rand des Brunnens, der neben dem großen Apfelbaum stand. Mochten sie jetzt kommen und ihn auch noch holen! Er wußte nicht, wo er sich verstecken konnte.
Als er so dasaß und sich die Tränen aus den Augen wischte, entdeckte er plötzlich einen kleinen grasgrünen Frosch, der ihn aufmerksam anblickte.
„Du hast es gut!" sagte Heiner freundlich zu ihm. „Du bist so klein und flink. Und in deinem grasgrünen Anzug entkommst du ihnen bestimmt, wenn sie dich in den Krieg holen wollen!"
Da sprang der Frosch zu ihm auf den Brunnenrand und setzte sich neben ihn. Und als sie so eine Weile ganz ruhig nebeneinander gesessen hatten, da hörte Heiner plötzlich, daß der Krieg bereits am Gartenrand angekommen war. Jetzt würden sie kommen und ihn holen.
„Was kann ich nur tun?" sagte er leise und blickte das Fröschlein traurig an.
„Mir nach! Quak! Quak!" sagte der Frosch da und sprang mit einem gewaltigen Satz in den Brunnen hinein.
Als Heiner zum Gartentor hinüberblickte, sah er sie kommen. Da stand er auf und sprang in seiner Verzweiflung in den Brunnen. Lieber wollte er tief unten im Brunnenwasser ertrinken, als in den Krieg ziehen.
Er fiel und fiel. Und am Ende versank er in einen tiefen Schlaf.
Als er erwachte, lag er mitten auf einer Wiese, die voller bunter Blumen war. Er blickte sich staunend um und entdeckte den kleinen grasgrünen Frosch, der vor ihm in den Brunnen gesprungen war.
„Guten Tag, quak, quak!" sagte der Frosch fröhlich. Und bevor Heiner sich wundern konnte, daß er ihn verstand, quakte er: „Mir nach, quak, quak!" und sprang mit großen Sprüngen davon.

Da rappelte sich Heiner auf und lief, so schnell er konnte, hinter dem Fröschlein her. Er kam ganz außer Puste. Schließlich gelangten sie an einen breiten Bach.

„Mir nach, quak, quak!" rief der kleine Frosch wieder und sprang mit einem gewaltigen Satz über den Bach.

Da zögerte Heiner auch nicht, sondern sprang gleich hinterher. Und wohlbehalten landete er am anderen Ufer.

Als es aber Abend wurde, da konnte Heiner nicht mehr. Auch das Fröschlein schien müde zu werden, denn seine Sprünge wurden langsamer und kürzer.

„Wohin wollen wir noch laufen?" fragte Heiner schließlich.

„Quak, quak, quak, quak!" antwortete das Fröschlein, und da wußte Heiner auch nicht mehr. Doch das „Quak, quak" klang so tröstend und zuversichtlich, daß Heiner ihm vertraute und weiter hinter ihm herlief. Das war jetzt recht schwierig geworden, weil die Dunkelheit hereingebrochen war, und man kaum noch die Hand vor den Augen sehen konnte. Doch das Fröschlein begleitete sein Springen mit einem leisen Quaken, daß Heiner ihm, wenn er gut horchte und aufpaßte, immer noch folgen konnte.

Nach langer Zeit sah er plötzlich ein kleines Licht in der Dunkelheit. Ein Licht, das immer näher kam. Und als es ganz nahe war, erkannte Heiner eine alte Frau mit einer Laterne in der Hand.
„Ich hörte dich kommen!“ sagte die alte Frau und nahm Heiner an die Hand. „Da bin ich dir entgegengegangen!“
„Der Frosch hat mir den Weg gezeigt!“ sagte Heiner und lief mit großen Schritten neben der alten Frau her. In ihren Augen hatte er gesehen, daß sie es gut mit ihm meinte.
„Du bist vor dem Krieg davongelaufen!“ sagte die alte Frau, als sie eine Weile gegangen waren. Heiner nickte und sie sagte: „Das ist gut! Das ist gut!“
„Jetzt hat deine Mutter dich nicht mehr gefunden!“ fing sie nach einer Weile wieder an und leuchtete mit ihrer Laterne Heiner ins Gesicht. Als sie bemerkte, daß dem Jungen die Tränen in die Augen schossen, legte sie den Arm um ihn. „Deine Mutter weint vor Freude“, sagte sie, „weil sie dich nicht gefunden hat.“
Sie nickte bedächtig. „Das ist gut! Das ist gut!“ sagte sie dann.
„Und ich brauche nicht in den Krieg?“ fragte Heiner leise.
„Niemals mehr!“ sagte die alte Frau und ging weiter. „Kriege sind...“
„Quatsch! Quatsch! Quak, quak!“ meinte der kleine grüne Frosch und sprang vergnügt hinter beiden her.
Als sie zu dem Haus der alten Frau kamen, wunderte sich Heiner sehr, denn er kannte es schon. Es war das Haus aus seinem dicken Märchenbuch, das Haus, in dem Frau Holle wohnte. Und oben erkannte er auch das große Fenster, aus dem sie ihre Betten schüttelte. Der Mond, der jetzt hinter den Wolken hervorgekommen war, leuchtete hell auf das Haus und spiegelte sich in dem großen Fenster.
„Dann bist du niemand anderes als Frau Holle!“ sagte der Junge und mußte vor Freude weinen.
Die alte Frau nahm ihn ganz fest in ihre Arme und drückte ihn. „Hier kann dir keiner mehr etwas tun!“ sagte sie leise.

„Mir nach, quak, quak!“ rief der kleine Frosch und sprang als erster in das Haus hinein.
So blieb der Heiner bei Frau Holle und half ihr beim Bettenschütteln.
Sie war froh darüber, denn im Laufe der Zeit war sie älter geworden, und das wilde Bettenschütteln fiel ihr immer schwerer. Deshalb hatte es auch manches Jahr nur noch wenig oder überhaupt nicht mehr geschneit. Aber nun übernahm der Heiner die Arbeit, setzte sich mit seiner Kraft ein... Und die Schneeflocken wirbelten nur so durch die Luft. Da konnte Frau Holle neben dem Heiner am Fenster sitzen und sich ausruhen und freuen, während Heiner die Betten schüttelte.
Weil der Heiner der alten Frau aber immer mehr Arbeit abnahm und ihr überall im Haus half, entdeckte er eines Tages eine alte große Mühle, die in der Ecke stand.
„Was ist das?“ fragte er.
„Hinter dem Haus wächst der große Eisberg!“ sagte Frau Holle. „Wenn du hinausgehst und ein paar Eimer Eis abklopfst und es in die Mühle legst, dann wirst du selbst sehen, was passiert!“
„Es muß einer wieder damit anfangen!“ sagte sie dann leise zu sich selbst, als sie zusah, wie sich Heiner beim Eisklopfen und Tragen abmühte. „Ich bin längst zu alt und zu schwach dazu!“
Der Heiner aber brauchte den ganzen Tag und auch noch den nächsten dazu, bis er die Mühle bis obenhin mit Eis gefüllt hatte.
„Und jetzt mußt du mahlen!“ sagte Frau Holle und deutete auf das große Rad, mit dem die Mühle angetrieben werden mußte.
Da nahm Heiner das Rad in beide Hände und drehte und drehte. Schon griffen die scharfen Eismesser in das Eis, zerschnitten und zerstückelten es und teilten es in kleine feste Hagelkörner, die nach allen Seiten flogen, Lärm machten und richtig weh taten, wo sie aufschlugen.
„Warte noch!“ rief Frau Holle da. „Schau zuerst einmal hinunter zur Erde!“

Da lief der Heiner zu dem großen Fenster und beugte sich hinaus, soweit er nur konnte.
Da sah er, daß dort unten auf der Erde der Krieg noch immer nicht zu Ende war. Sie kämpften gegeneinander, schlugen aufeinander ein und töteten sich. Was schlimmer war, sie töteten Mütter und Kinder, die gar keinen Krieg wollten.
„Verhagele ihnen den Krieg!" schrie Frau Holle böse und weinte vor Zorn.
Da rannte der Heiner zu der Mühle, drehte das Rad mit beiden Händen, so schnell und fest er nur konnte... Und es hagelte, wie es noch nie vorher gehagelt hatte.
Da mußten die Soldaten nicht mehr vor dem Feind, sondern vor den Hagelkörnern flüchten und in Deckung gehen. Und die Flugzeuge konnten nicht mehr aufsteigen und Bomben werfen, sondern wurden vom Hagelsturm völlig zerstört. Und die Generäle und Kriegsantreiber wurden getroffen und konnten sich nirgendwo retten.
„Genug! Hagelheiner!" sagte Frau Holle schließlich. „Hagelheiner, du hast ihnen den Krieg verhagelt!"
Und dann schauten die beiden zu, was jetzt unten geschah. Die Soldaten warfen die Waffen und Uniformen fort und gingen heim und begannen damit, das wieder aufzubauen, was sie im Krieg zerstört

hatten. Und sie weinten um die, die im Krieg umgekommen waren, die der Krieg getötet hatte. Und sie lernten wieder zu lachen und freuten sich mit denen, die der Krieg verschont hatte und die wieder leben durften.
„Vielleicht vergessen sie jetzt den Krieg!“ meinte der Hagelheiner nach einer Weile, als sie lange zugesehen hatten.
„Vielleicht!“ antwortete Frau Holle und blickte ihn mit ihren guten alten Augen an. „Vielleicht auch nicht!“
„Es wird besser sein, wenn ich die Hagelmühle wieder mit Eis fülle!“ meinte der Hagelheiner. „Dann kann ich sie gleich anwerfen, wenn sie wieder damit anfangen sollten!“
„Es wird besser sein!“ sagte auch Frau Holle und nickte bedächtig, als sie zusah, wie sich der Hagelheiner mit dem Eis abplagte.
So wohnt nun der Hagelheiner schon viele Jahre lang mit Frau Holle zusammen.
Solltest du einmal seine Mutter treffen, sage ihr bitte, daß es dem Heiner gutgeht und daß er sie ganz herzlich grüßen läßt.

Die Geschichte vom Hagelheiner läßt sich gut nachspielen und kann von der ganzen Gruppe erarbeitet werden.

Frau Holle

Text: Rolf Krenzer, Melodie: Martin Göth

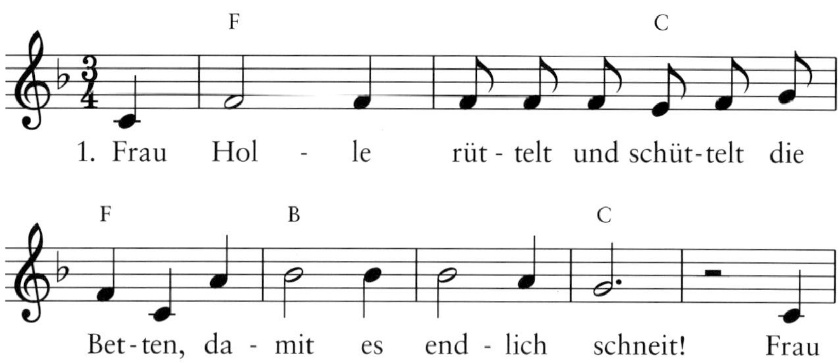

Frau Holle rüttelt und schüttelt die Betten,
damit es endlich schneit!
Frau Holle rüttelt und schüttelt die Betten,
denn es ist höchste Zeit!
Schon wirbeln alle Flocken,
die uns nach draußen locken.
Sie wirbeln, wirbeln und wirbeln und wirbeln…
Seht her, wie's endlich schneit!

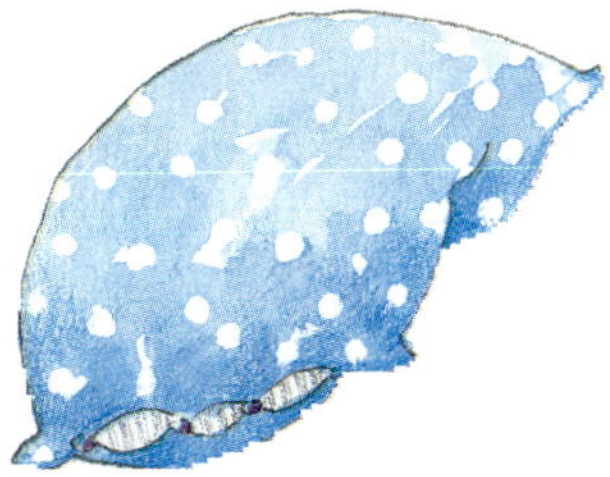

Frau Holle rüttelt und schüttelt die Betten,
damit es endlich schneit!
Frau Holle rüttelt und schüttelt die Betten,
denn es ist höchste Zeit!
Schon toben alle Flocken,
die uns nach draußen locken.
Sie toben, toben und toben und toben…
Seht her, wie's endlich schneit!

Frau Holle rüttelt und schüttelt die Betten,
damit es endlich schneit!
Frau Holle rüttelt und schüttelt die Betten,
denn es ist höchste Zeit!
Schon tanzen alle Flocken,
die uns nach draußen locken.
Sie tanzen, tanzen und tanzen und tanzen…
Seht her, wie's endlich schneit!

Frau Holle rüttelt und schüttelt die Betten,
damit es endlich schneit!
Frau Holle rüttelt und schüttelt die Betten,
denn es ist höchste Zeit!
Da freu'n sich alle Kinder,
denn jetzt ist wirklich Winter.
Frau Holle rüttelt und schüttelt.
Und alles hat nun ein weißes Kleid.

Zur letzten Strophe sind die Schneeflocken
behutsam auf die Erde gesunken.
Dort bleiben sie ganz ruhig liegen.

O weh!

„O weh!“
sagt Dorothee.
„Jetzt schenkt man mir Ski,
und es liegt kein Schnee!

Es schneit

Ihr lieben Leut’,
seit heut,
seit heute nacht bereits…
da schneit’s
und schneit’s!

Schnee

So leicht und weiß
und kalt wie Eis
und so schön,
um ihn immer wieder anzusehn.
Doch hältst du ihn fest in deiner Hand,
schau selber nur nach, wohin er verschwand.
Denn es bleibt nur noch Wasser.
Und deine Hand ist naß.
Nein, das ist kein Spaß.
Drum gönn’ es den weißen Schneeflocken allen,
daß sie um dich herum auf die Erde fallen.
Schau sie dir an!
Und freu’ dich dran!

Der Schneemann Friedhelm Stumm

Der Schneemann Friedhelm Stumm,
der steht bei uns herum
und rührt sich nicht vom Ort
und spricht kein einz'ges Wort.
Sein Mund ist nur ein grader Strich...
Ach, Friedhelm Stumm, ich kenne dich:
Du stehst zwar still und stumm
bei uns nur so herum.
Doch wenn mal heiß die Sonne sticht,
gefällt dir gleich die Wärme nicht.
Dein Mund ist – ungelogen –
nach unten,
nach unten heruntergebogen.

Der Schneemann Friedhelm Stumm,
der steht bei uns herum
und rührt sich nicht vom Ort
und spricht kein einz'ges Wort.
Sein Mund ist nur ein grader Strich...

Ach, Friedhelm Stumm, ich kenne dich:
Du stehst zwar still und stumm
bei uns nur so herum.
Doch wenn es kälter wird und friert,
dann lachst du stumm und ungeniert.
Dein Mund ist – ungelogen –
nach oben,
nach oben heraufgebogen.

Der Schneemann Friedhelm Stumm,
der steht bei uns herum
und rührt sich nicht vom Ort
und spricht kein einz'ges Wort.
Sein Mund ist nur ein grader Strich…
Ach, Friedhelm Stumm, ich kenne dich:
Du stehst zwar still und stumm
bei uns nur so herum.

Meinst du nun, ich belüge dich,
sieh selber nach, schau ihn dir an.
Doch ärgert sich der weiße Mann,
dann bleibt sein Strich,
sein Mund, für dich,
weil er dir nicht gewogen,
wie schade,
ganz grade,
und ist auch ungelogen
weder nach oben hinauf,
noch nach unten hinunter gebogen.

Doch drehst du dich um
und gehst recht ärgerlich nach Haus,
steckt dir Friedhelm Stumm
ganz still und heimlich die Zunge heraus.

Der Schneemann Friedhelm Stumm,
der steht bei uns herum
und rührt sich nicht vom Ort
und spricht kein einz'ges Wort.
Sein Mund ist nur ein grader Strich…
Ja, Friedhelm Stumm, ich kenne dich!

Der Schneemann

Text: Rolf Krenzer, Melodie: Martin Göth

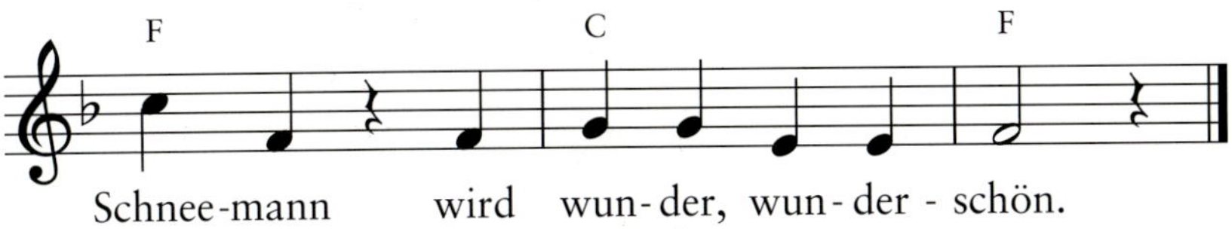

Bringt Kohlen an, bringt Kohlen an,
so stecken wir ihm Augen an.
Hei, wie schön! Hei, wie schön,
unser Schneemann kann jetzt sehn!

Die Möhre dann, als Nase dran,
damit der Schneemann riechen kann.
Kommt heran! Kommt heran!
Schaut euch unsern Schneemann an!

Aus Steinchen dann, aus Steinchen dann
kriegt einen Mund der kalte Mann.
Schaut ihn an! Schaut ihn an!
Freut euch alle mit daran!

Jetzt noch den Hut! Jetzt noch den Hut!
Wie steht der Hut dem Schneemann gut!
Schaut ihn an! Schaut ihn an!
Ist das nicht ein schicker Mann!

Den Besen her! Den Besen her!
Hier der Besen! Bitte sehr!
Dideldei, dideldum,
tanzen wir um ihn herum.

Der erste Schnee in diesem Jahr

Auf nackten Füßen tappt Lotti zu Papa ins Schlafzimmer.
„Es hat geschneit!“ schreit sie und freut sich, daß sie heute so früh ganz von allein wach geworden ist. Sicher ist der Schnee draußen vor dem Fenster schuld daran. Er macht alles heller. Nein, heute ist kein so dunkler Morgen wie gestern und vorgestern.
Papa setzt sich erschreckt im Bett auf.
„Bist du verrückt?“ fragt er. „Wir könnten noch gut zwanzig Minuten schlafen!“
„Gehst du heute mit mir Schlitten fahren?“ fragt Lotti aufgeregt.
„Du mußt in den Kindergarten, und ich zur Arbeit!“
„Heute nachmittag meine ich doch!“ Lotti blickt Papa bittend an.
Er schüttelt den Kopf. „Ich kann heute ganz bestimmt nicht!“ sagt

er. „Ich habe noch einen Termin. Frau Selters wird heute mittag kommen und auf dich aufpassen."
„Och!" macht Lotti. Sie weiß, daß Frau Selters bestimmt nicht mit ihr Schlitten fahren wird. Frau Selters ist schon ziemlich alt und ziemlich dick.
Natürlich merkt Papa gleich, wie enttäuscht Lotti ist.
„Soll ich Mama mal anrufen?" fragt er. „Vielleicht kann sie sich ja heute mittag freimachen." Er geht zum Fenster und schaut hinaus.
„Der Schnee bleibt nicht lange liegen!" sagt er dann. „Bis heute mittag ist er bestimmt schon getaut!"
Seit Mama und Papa geschieden sind und nicht mehr zusammenwohnen, ist für Lotti alles recht schwierig geworden. Sie weiß nur zu gut, daß Mama bestimmt heute mittag auch keine Zeit zum Schlittenfahren hat. Sie hat ebenso viele Termine wie Papa.
„Darf ich den Schlitten mitnehmen?" fragt Lotti dann. Sie läuft hinter Papa ins Badezimmer.
„Wohin mitnehmen?" fragt Papa.
„In den Kindergarten!"
„Hm!" Das gefällt Papa schon besser. „Vielleicht könnt ihr alle zusammen Schlitten fahren!" meint er. „Ich packe den Schlitten in den Wagen. Das geht prima. Und zurück ziehst du ihn dann hinter dir her."
Lotti nickt begeistert.
Als Papa sie dann später vor dem Kindergarten mit dem Schlitten auslädt, freut sie sich, denn es haben noch mehr Kinder ihre Schlitten mitgebracht.
„Zuerst singen wir zusammen ein Winterlied!" sagt Frau Maurer im Kindergarten. „Und danach sehen wir weiter!"
Und als sie so richtig laut bei der dritten Strophe von *Steht der Winter vor der Tür* angekommen sind, deutet der kleine Arne plötzlich zum Fenster und schreit: „Frau Maurer, es regnet!"
Wirklich! Die Kinder können es nicht fassen. Sie drücken ihre Nasen an den Fensterscheiben platt und blicken ganz traurig hinaus.

Es regnet und regnet. Die dicken Regentropfen fallen auf den Schnee und machen ihn ganz schnell dunkel und unansehnlich. Und dann ist er plötzlich weg. Nichts ist von dem schönen, weißen Schnee mehr übriggeblieben.

„Es ist noch zu früh!“ sagt Frau Maurer leise. „Wir müssen bis Weihnachten warten. Vorher bleibt der Schnee fast nie liegen!“

Dafür spielt Frau Maurer jetzt mit den Kindern das Spiel von der Frau Holle. Und das macht auch Spaß.

Überhaupt keinen Spaß macht es aber, später den Schlitten heimzuziehen. Die Kufen schleifen über das Pflaster und machen einen schrecklichen Lärm.

Wenn Lotti nicht so laut auf den dummen Regen und den Schlitten schimpfen würde, dann müßte sie sicher weinen. Es ist nämlich ziemlich weit bis nach Hause.

Doch da hält plötzlich Mamas kleiner gelber Flitzer neben ihr.

„Papa hat mich angerufen!“ lacht Mama und lädt den Schlitten in den Kofferraum. „Schade, daß es nichts mit dem Schlittenfahren wird. Ich habe mir extra freigenommen!“

Es ist alles nicht mehr so schlimm, wenn man zu Mama in den Wagen einsteigen kann.

„Wir essen jetzt was zusammen!“ sagt Mama. „Und dann fahren wir in die Stadt zu der großen Halle mit der Kunsteisbahn. Deine Schlittschuhe müssen dir doch noch passen!“

Lotti nickt strahlend. Sie weiß auch genau, wo die Schlittschuhe sind: im Kleiderschrank ganz unten drin!

„Und Frau Selters?“

„Mit Frau Selters habe ich schon gesprochen!“ sagt Mama. „Ich habe sie für heute abbestellt!“

„Freust du dich, Schatz?“ fragt Mama nach einer Weile.

Da lehnt sich Lotti ganz weit in die weichen Polster zurück und schließt die Augen.

Nur antworten kann sie jetzt nicht. Höchstens ein bißchen nicken.

NIKOLAUS, KOMM ZU MIR NACH HAUS

Der frische und der müde Nikolaus

Spiellied

Text: Rolf Krenzer, Melodie: Martin Göth

Der müde Nikolaus
zieht seine Stiefel aus,
zieht seinen Mantel aus,
zieht die Pantoffel dann
und seinen Schlafrock an
und dann
und dann
und dann
bleibt er zu Haus
und ruht sich aus.
Chr. Chr. Chrrrrrrrrrrrrrrr.

Wenn der Nikolaus noch frisch ist, geht er laut und polternd los. Zum Schluß klopfen wir dem Kind auf den Bauch oder auf den Po.
Aber dann wird der Nikolaus müde und immer langsamer und leiser. Zum Schluß legen wir den Kopf auf den Arm und schnarchen leise.
Aber dann ist der Nikolaus schon wieder frisch, und es geht so laut und polternd wieder los, daß man fast erschrickt.

Nannis Schlittenfahrt

„Warte bis Weihnachten!“ sagte Mutti. „Vielleicht bringt das Christkind dir dann einen Schlitten!“
Nanni blickte traurig nach draußen. Kein Mensch hatte damit gerechnet, daß es schon vor Weihnachten schneien würde. Deshalb war Nanni einverstanden gewesen, daß ihre kleine Schwester Dorle ihren alten Schlitten bekam. Und nun lag draußen der herrlichste Schnee, und Nanni hatte keinen Schlitten.
„Frag doch Dorle, ob sie dich nicht mitfahren läßt“, schlug Mutti vor. Dorle war natürlich längst draußen und fuhr mit ihren Freundinnen Schlitten. Nanni traf sie an der Rodelbahn.
„Bahn frei!“ schrie sie und sauste an Nanni vorbei.
Schade, von Nannis Freundinnen war keine einzige auf der Rodelbahn. Nur die doofe Adelheid Stolpe aus ihrer Klasse war mit ihrer Mutter und ihrer älteren Schwester da. Die paßten auf, daß Adelheid nur ja nichts passierte.
Mißmutig stapfte Adelheid die Rodelbahn hinauf.
„Hast du keinen Schlitten?“ Das war Werner, der sie überholte. Nanni schüttelte den Kopf.
„Du kannst mit mir hinunterfahren!“ sagte Werner. „Aber nur einmal! Ich muß gleich in die Klavierstunde!“
Wenigstens einmal! Nanni genoß es, als sie mit Werner den Rodelberg hinuntersauste.
„Danke!“ sagte sie, als sie abstieg.
„Schon gut!“ lachte Werner.
Nanni seufzte und machte sich wieder an den Aufstieg. Leider kam niemand mehr und lud sie noch einmal zum Mitfahren ein. Da ging sie einfach weiter. Immer weiter den Berg hinauf.
Als sie endlich stehenblieb und sich umdrehte, konnte sie weit unten die Kinder auf der Rodelbahn mit ihren Schlitten sehen. Sie stand

lange da und schaute. Langsam wurde es dämmerig, und unten im Tal gingen die ersten Lichter an. Da dachte sie daran, daß sie nun schnell nach Hause gehen mußte.
Nanni kehrte um, doch als sie ein paar Schritte gegangen war, blieb sie stehen und lauschte. War das nicht ein leises Klingen, das der Wind vom Wald herüberwehte? Das zarte Klingen von Schlittenglöckchen? Und dann sah sie tatsächlich einen Schlitten. Ein braunes Pferd zog ihn gemächlich den Weg entlang. Und die Glöckchen klingelten leise im Fahrtwind.
Im Schlitten aber saß niemand anderer als der Nikolaus mit seinem roten Mantel und der roten Nikolausmütze auf dem Kopf. Sein weißer Bart leuchtete hell.
„Brr!“ sagte der Nikolaus, als er Nanni erblickte. Da hielt der Schlitten an, und der Nikolaus winkte Nanni freundlich zu sich heran.
„Steig ein!“ sagte er. „Ich muß unten im Tal ein Paket abgeben. Da haben wir beide den gleichen Weg.“
Nanni konnte nur nicken. Wie im Traum stieg sie in den Schlitten. Der Nikolaus breitete seine dicke Wolldecke über ihre Beine.

Sie fuhren an der Rodelbahn vorbei. Aber die Kinder waren alle nach Hause gegangen. Bald erreichten sie die ersten Häuser. Der Nikolaus hielt genau vor Nannis Haustür. Nanni stieg schnell aus und bedankte sich ganz herzlich. Als sie fast an der Haustür war, rief der Nikolaus: „Halt, Nanni, ich habe doch noch das Paket!"
Er reichte Nanni ein unförmiges Paket. „Schöne Weihnachten!" sagte er und griff wieder in die Zügel. „Falls wir uns nicht mehr sehen!"
Nanni winkte ihm nach, solange sie ihn sehen konnte. Dann klingelte sie stürmisch an der Tür. Mutti machte ihr auf und wunderte sich über das große Paket, das sie mitbrachte. Wie staunten sie aber erst, als sie das Paket auspackten: Ein wunderschöner neuer Schlitten kam heraus!
„Schau mal an", lachte Mutti. „Der Nikolaus hat bestimmt gedacht: Wenn so viel Schnee liegt, kann man nicht bis Weihnachten warten!"

Nikolaus, komm zu mir nach Haus

Text: Rolf Krenzer, Melodie: Martin Göth

In den Nikolaussack haben wir vorher ganz verschiedenen Dinge hineingepackt, die von den Mitspielern durch Tasten und Greifen erraten werden sollen, z. B. Bürste, Kamm, Pfeifchen, Waschlappen, Baustein, Spielzeugauto usw.

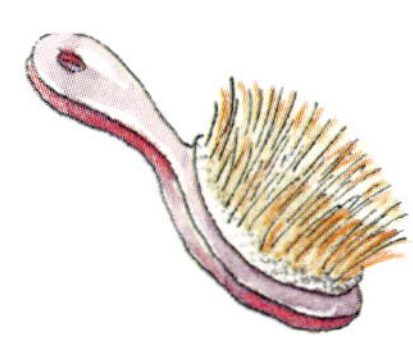

Wir stehen im Kreis. Ein Kind stellt den Nikolaus dar und geht mit dem Sack auf dem Rücken im Kreis herum. Wenn es heißt „Halt, Nikolaus bleib stehn!", bleibt der Nikolaus vor einem Kind stehen. Dieses greift in den Sack und muß raten, was es darin ertasten kann. Rät es falsch, geht der Nikolaus weiter. Rät es richtig, tauscht es seinen Platz mit dem Nikolaus und geht nun als Nikolaus weiter im Kreis herum.

Der Nikolausabend

Ein Nikolausspiel

Es spielen:
Oma, Opa, Mama, Papa, Verena, Patrick … und der Nikolaus

1. Szene

Verena und Patrick haben ihren gefüllten Nikolausteller vor sich.

Verena: Also, ihr meint wirklich, der Nikolaus kommt heute nicht mehr?

Mama: Er hat doch schon die Teller gefüllt!

Papa: Dann kommt er nicht noch einmal.

Opa: Das war immer schon so!

Patrick: Aber es ist doch viel schöner, wenn er richtig kommt.

Verena: Persönlich!

Oma: Er hat halt so viel zu tun!

Papa: Seid ihr nicht zufrieden mit dem, was er euch gebracht hat?

Verena: Doch!

Patrick: Doch! Aber…

Mama: Was heißt „aber“?

Patrick: Es wäre schön, wenn er richtig käme.

Opa: Nächstes Jahr vielleicht!

Verena: Dann sind wir vielleicht schon zu groß!

Oma: So schnell vergeht die Zeit!

Papa: Richtig! Und jetzt ist Zeit fürs Bett!

Patrick: Und wenn wir noch ein bißchen warten?

Verena: Ein winziges bißchen ...

Opa: Er kommt bestimmt nicht mehr.

Patrick: Bitte, bitte ...!

Papa: Einmal muß Schluß sein.

Mama: Also.

Verena und
Patrick: Gute Nacht!

Sie gehen mit ihren Tellern ab.

2. Szene

Verena und Patrick liegen in ihren Betten.

Verena: Patrick?

Patrick: Ja!

Verena: Kannst du auch nicht schlafen?

Patrick: Nein. Aber jetzt kommt der Nikolaus bestimmt nicht mehr.

Verena: Schade!

Patrick: Gute Nacht, Verena!

Verena: Gute Nacht, Patrick!

Stille. Auf einmal richtet sich Patrick auf.

Patrick: Hast du das gehört?

Verena: Was?

Patrick: Da war etwas vor dem Fenster. Ein Rumoren …

Verena: Oder im Flur.

Patrick: Nein, nicht im Flur! Horch nur!

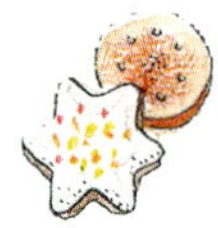

Ein Bonbon fliegt ins Zimmer.

Verena: Was war das?

Patrick: *sucht, bis er etwas gefunden hat*
Ein Bonbon!

Verena: Es kam durch das Fenster geflogen.

Patrick: Seltsam! Verstehst du das?

Nikolaus-Stimme: Hallo! Helft mir doch einmal!

Verena: Was war das?

Nikolaus: Ich komme hier nicht herauf. Ich bin zu steif. Ihr müßt mir schon eure Hände geben und mir ein bißchen helfen.

Verena: Wer bist du?

Patrick: Etwa der Nikolaus?

Nikolaus: Wer denn sonst? Ihr wolltet doch, daß ich noch … So, nun helft mir mal! Zieht! Fester! Ja, Fester!

Verena und Patrick ziehen den Nikolaus in das Zimmer hinein.

Nikolaus: So, das wär' geschafft! Danke! Ihr wolltet doch unbedingt, daß ich noch zu euch komme. Aber die Haustür ist verschlossen. Wie soll ich da hineinkommen?

Patrick: Wegen der Einbrecher!

Nikolaus: Bin ich ein Einbrecher? Sehe ich so aus? *Er lacht.* Höchstens ein Einsteiger. Und nachher wieder ein Aussteiger. Oh, Plätzchen habt ihr auch! Ich habe wieder alle verschenkt und keins probiert. Hat eure Mutter sie wieder gebacken? Dieses Jahr habe ich noch kein einziges davon bekommen.

Verena: Greif zu! Iß, soviel du willst!

Nikolaus: Danke! Ein Täßchen Tee würde dazu gut schmecken. Aber Tee habt ihr sicher nicht. Vor allem nicht im Schlafzimmer.

Verena: Vielleicht steht noch etwas in der Küche.

Nikolaus: Wenn deine Eltern noch in der Küche sitzen und ich hereinkomme und sie um Tee bitte, dann erschrecken sie sicher. Oder?

Patrick: Sie schlafen längst. Wir gehen. Wenn wir ganz leise sind, hören sie uns nicht.

Nikolaus: Ihr kennt euch anscheinend aus!

Sie huschen davon.

Nikolaus: Ich muß ja weiter. Aber ich wollte den beiden wenigstens noch Guten Tag sagen. Vielleicht auch Gute Nacht! Schade, daß ich gar nichts mehr für sie in meinem Sack habe. Halt, hier sind ja noch zwei Autogrammkarten mit meinem Bild. Schade, so sehr gut bin ich nicht getroffen auf den Fotos. Aber vielleicht gefallen sie ihnen trotzdem. Wo ist denn mein Stift? Ja, hier!

Er schreibt auf jede Karte einen Gruß und schiebt sie unter die Nikolausteller. Die Kinder kommen zurück.

Verena: So, es hat noch eine ganze Tasse Tee gegeben.

Patrick: Und warm ist er auch noch.

Nikolaus: Danke! Das tut gut! Aber jetzt muß ich leider gehen.

Verena: Oh! Bitte bleib' doch noch!

Nikolaus: Ich bin hundemüde! Und es ist längst nach Mitternacht!

Patrick: Wir haben so auf dich gewartet!

Nikolaus: Deshalb bin ich ja auch noch extra gekommen. Seht euch meine Beine an! Angeschwollen sind sie schon.

Verena: Danke, Nikolaus, daß du noch extra gekommen bist!

Patrick: Ja, danke dafür!

Nikolaus: Ist schon gut! Nächstes Jahr komme ich früher. Aber jetzt müßt ihr mir wieder hinaus helfen. Ja, so geht es! Achtung! Fertig! Los!

Verena: Tschüß! Toll, wie er springen kann.

Nikolaus: Macht's gut bis nächstes Jahr! So um den sechsten Dezember! Nicht vergessen!

3. Szene

Verena: Das glaubt uns keiner!

Patrick: Das hältst du im Kopf nicht aus! Der richtige Nikolaus!

Verena: Opa würde staunen, wenn er das gesehen hätte!

Patrick: Und Oma erst!

Verena: Wir zeigen ihnen einfach die leere Teetasse!

Patrick: Da kann doch jeder draus getrunken haben.

Verena: Ja, leider!

Patrick: Was ist das denn für eine Karte unter meinem Nikolausteller?

Verena: Ich habe auch eine!

Patrick: Eine Autogrammkarte!

Verena: Vom Nikolaus! *Sie liest.*
Liebe Verena! Ich wünsche Dir alles Liebe! Dein Nikolaus!

Patrick: Grüß dich, Patrick! Dein Nikolaus.

Verena: Toll! Wenn wir das den Erwachsenen zeigen, müssen sie uns einfach glauben!

Patrick: Siehst du, der Nikolaus war doch bei uns. Ganz spät, aber er war da! Extra für uns!

Sie laufen zum Fenster.

Beide: Danke schön, Nikolaus!

Patrick Er ist schon fort!

Verena: Gehört hat er es aber doch. Ganz bestimmt!

Kommt der Nikolaus denn auch zu mir?

Fingerspiel

Kommt der Nikolaus denn auch zu mir?
Er geht vorbei am ersten Haus,
am zweiten Haus,
am dritten Haus,
am vierten Haus,
am fünften Haus ...
und dann kommt er zu dir!

Es werden die Finger einer Hand gezeigt und von dem Erwachsenen berührt. Zum Schluß geben wir uns die Hände und drücken sie. Nun ist die andere Hand dran:

Wann ist denn der Nikolaus endlich hier?
Erst klopft er an die erste Tür,
die zweite Tür,
die dritte Tür,
die vierte Tür,
die fünfte Tür ...
und dann ist er bei dir.

Zu der folgenden Strophe tippen wir dem Kind auf den Kopf und pieken ihm zum Schluß mit dem Zeigefinger in den Bauch.

Sag jetzt, hat der Nikolaus auch was für mich?
Er hat was für das erste Kind,
das zweite Kind,
das dritte Kind,
das vierte Kind,
das fünfte Kind ...
und auch etwas für dich!

Ach, Nikolaus, besuche mich

Ach, Nikolaus, besuche mich,
besuch mich mal zu Haus.
Ich warte ganz bestimmt auf dich
und schau zum Fenster raus.

Ich wohne hinterm Heckensteg,
du suchst die Nummer 10.
Und kommst du durch den Finkenweg,
dann wirst du uns bald sehn.

Wir bitten dich zu uns herein
und bieten dir sodann
den besten Platz, ein Gläschen Wein
oder auch Kaffee an.

Wir singen dir ein Liedchen vor
und geben uns viel Müh.
Es singt unser Familienchor
für dich so schön wie nie.

Geschenke brauchen's nicht zu sein.
An dir selbst liegt uns mehr.
Und schaust du heut bei uns herein,
dann freuen wir uns sehr.

Kennst du ein Kind, das gar nichts hat,
dann sprich uns einfach an.
Wir geben gerne etwas ab,
daß es sich freuen kann.

Damit dich der Nikolaus nicht vergißt

Damit dich der Nikolaus nicht vergißt,
tu einfach das, was dir möglich ist:
Stell hinter die Fensterscheibe ein Licht!
Er sieht es da
und denkt: „Aha!“
Und glaub mir, er vergißt dich nicht!

Nikolaus, Nikolaus

Nikolaus, Nikolaus,
komm zu mir nach Haus.
Schau so lang schon nach dir aus,
halt' es nicht mehr länger aus.
Nikolaus, Nikolaus,
komm zu mir nach Haus.

Warten

Ich hab' durch das Schlüsselloch gesehn
und sah den Weihnachtsbaum dort stehn
mit so viel bunten Kugeln dran,
daß ich es nicht beschreiben kann.
Auch bunte Ketten mit Silberherzen
und dicke rote Weihnachtskerzen.
Wie bin ich erschrocken, als ich so nah
den Weihnachtsbaum da vor mir sah.
Ganz schnell, bevor mich einer erblickt,
hab' ich mich still und heimlich verdrückt
und warte und warte wie jedes Kind,
daß endlich Weihnachten beginnt.

WARUM WIR
JEDES JAHR
WEIHNACHTEN
FEIERN

Mein kleines Licht verlösche nicht

Text: Rolf Krenzer, Melodie: Martin Göth

Mein kleines Licht
verlösche nicht.
Ich trag' dich vor mir her.
Und wer uns sieht,
der zieht gleich mit.
Wir werden immer mehr.

Mein kleines Licht
verlösche nicht.
Ich halte hoch den Arm.
Es dringt dein Schein
ins Herz hinein
und macht es froh und warm.

Sabrinas Geschenk

„Rate, was du von mir zu Weihnachten kriegst?" Mit einem Satz sitzt Sabrina auf Papas Schoß. Papa ist eben nach Hause gekommen.
„Ein Paket!" sagt Papa.
„Fast richtig!" Sabrina nickt.
„Mit einer roten Schleife!"
„Fast richtig!"
„Und buntem Weihnachtspapier!"

„Umweltpapier!" verbessert Mama.
„Richtig!" Sabrina nickt wieder.
Dann weiß Papa nichts mehr.
„Und was ist in dem Paket?" fragt Sabrina.
„Ja nichts verraten!" ruft Mama.
Sabrina schüttelt nur den Kopf.
„Ein Schlips!" meint Papa.
„Bestimmt nicht! Ich weiß gar nicht, was ein Lips ist! Es ist in einem Fläschchen!" sagt Sabrina.
„Bier?" fragt Papa.
Da muß Sabrina vielleicht lachen.
„Rasierst du dich mit Bier?" fragt sie und lacht und lacht.
„Sabrina!" ruft Mama. „Jetzt hast du wieder alles verraten!"
„Ach, einen Rasierpinsel!" sagt Papa und zwinkert Mama zu.
„Es ist in einem Fläschchen!" sagt Sabrina noch einmal.
„Rasierwasser!" sagt Papa endlich.
„Sabrina!" Mama schüttelt den Kopf.
„Er weiß doch gar nichts!" sagt Sabrina später.
Mama seufzt. „Er hat doch selbst Rasierwasser gesagt! Hast du es nicht gehört?"
„Doch", antwortet Sabrina. „Aber vorn hat er alles falsch gesagt! Es ist kein Paket, sondern ein Päckchen. Und es hat eine grüne Schleife!"
„Aber darauf kommt es doch nicht an!" sagt Mama.
„Darauf kommt es gerade an!" Sabrina nickt nachdrücklich. „Rasierwasser hat Papa doch noch genug. Aber so ein schönes Päckchen kriegt er nur Weihnachten! Und wie es aussieht, weiß er nicht!"
„Da hast du recht!" sagt Mutti. „Aber jetzt frage mich ja nicht danach, was ich von dir zu Weihnachten bekomme!"
Da zuckt Sabrina mit den Schultern.
„Das weiß ich doch auch noch nicht!" sagt sie.

Hagemanns Weihnachtsbaum

Papa mag es sehr, wenn an Weihnachten ein großer, grad gewachsener und wunderschöner Tannenbaum im Zimmer steht. „Am liebsten“, sagt er, „habe ich eine Blautanne!“
„Und Blautannen kosten am meisten Geld!“ schimpft Mutti. Aber dann geht sie doch mit, neuen Weihnachtsschmuck zu kaufen.
Mit den Kugeln und all den Dingen, die am Weihnachtsbaum hängen sollen, ist es wie mit den Kleidern. Jahr für Jahr wechselt die Mode. Einmal sind silberne Kugeln modern, dann goldene oder fliederfarbene. Die alten Kugeln hebt Mama sorgfältig auf. Vielleicht kann man sie später wieder einmal gebrauchen. In diesem Jahr hat Papa den Baum ganz besonders schön geschmückt.
„Einen so großen und schönen Baum haben wir noch nie gehabt!“ sagt er stolz zu Dominik. Er geht bis unter die Zimmerdecke.

Am ersten Weihnachtstag kommt Kalle Hagemann herüber, um die Geschenke zu begutachten, die Dominik bekommen hat. Danach gehen beide zu Hagemanns, denn nun will Kalle auch seine Geschenke zeigen.
Als Dominik kurz vor dem Mittagessen zurückkommt, fragt Papa: „Na, was haben Hagemanns für einen Baum? Ist er so groß wie unserer?"
Dominik schüttelt den Kopf.
Papa lächelt. „Wie groß ist er denn?" fragt er.
Dominik zeigt mit seiner Hand so knapp über seinen Kopf, daß sich Papa vorstellen kann, wie mickrig Hagemanns Bäumchen sein muß.
„Haben sie auch solchen Christbaumschmuck?" fragt Papa weiter.
Dominik blickt kurz zu den neuen Kugeln hin.
„Nein, lila Kugeln haben sie nicht!" sagt Dominik.
„Diese sind pink!" verbessert Papa ihn.
„Sie haben keine elektrischen Kerzen!" sagt Dominik.
„Gefährlich!" sagt Papa. „Sehr gefährlich!"
„Und sie haben lauter ganz alte Sachen am Baum hängen", erklärt Dominik. „Ketten und Glöckchen aus der Zeit, als Frau Hagemann noch ein Kind war. Und einen kleinen Nikolaus aus Glas. Und Kirschen und Birnen und dicke Erdbeeren. Alles aus Glas und ganz bunt bemalt!"
„Kitsch!" sagt Papa leise. Dann fragt er: „Und welcher Weihnachtsbaum gefällt dir am besten? Unsrer oder der von Hagemanns?"
Dominik zögert.
„Na!" sagt Papa und lächelt. Er legt ihm den Arm um die Schulter.
„Du bist auch nicht böse?" fragt Dominik.
Papa schüttelt den Kopf.
„Na, welcher gefällt dir denn nun am besten?" hakt er noch einmal nach.
„Hagemanns Baum!" sagt Dominik leise.
„Hm!" meint Papa.

Dominik spürt, daß er sich ganz große Mühe gibt, nicht ärgerlich zu sein.
Und irgendwie tut Papa Dominik leid.
„Es ist nicht der Baum", sagt er schließlich. „Weißt du, es lag viel mehr darunter als bei uns!"
Papa schnaubt ein bißchen.
„Das wirkt nur so!" sagt er dann.
Und als Dominik nicht versteht, was er meint, erklärt er es ihm: „Wenn ein Baum so winzig und mickrig ist, dann wirken natürlich die Geschenke viel größer!"
Er blickt sich kurz um. „Sieh doch nur, wie prächtig unsrer ist!"
„Natürlich!" sagt Dominik und schaltet die elektrische Baumbeleuchtung ein, weil Papa sich so darüber freut.

Warum wir jedes Jahr Weihnachten feiern

Nach Bethlehem, einer kleinen Stadt,
kam einst Maria müd und matt,
begleitet von Josef, dem Zimmermann.
Sie klopften höflich überall an
und fragten – es war schon abends spät –,
ob jemand ein Zimmer noch für sie hätt'.
Von Tür zu Tür im kalten Wind.
Die Frau erwartete ein Kind.

Sie waren von weit her gekommen,
und keiner hat sie aufgenommen.
So blieb zuletzt nur ein Stall mit Stroh.
Wie waren die Leute drüber froh!
Und als dann mitten in der Nacht
Maria ihr Kind zur Welt gebracht,
da legten sie es, so arm und klein,
im Stall in die Futterkrippe hinein.

Es haben draußen in dieser Nacht
arme Hirten ihre Schafe bewacht.
Auf einmal war alles hell um sie her.
Darüber fürchteten sie sich sehr.
Da standen Engel vor ihnen im Licht
und riefen: „Fürchtet euch doch nicht!
Ein Wunder ist dort in dem Stall geschehn!
Lauft hin! Dann könnt ihr es selber sehn!“

Im Stall in der Krippe lag Gottes Sohn.
Selbst Könige wußten bereits davon.
Sie machten sich auf und kamen von fern
und folgten am Himmel dem Weihnachtsstern.
Hirten und Könige kannst du hier sehn,
weil Arme und Reiche zur Krippe gehn.
Sie lobten Gott und dankten vor Freude.
Drum feiern wir Weihnachten bis heute.

Das war in der Nacht …

Weihnachtslied

Text: Rolf Krenzer, Melodie: Martin Göth

Das war in der Nacht,
als ein armes Paar
nirgends ein Zimmer fand.
Das war in der Nacht,
als sein Bettchen dort war,
wo eine Krippe stand.

Das war in der Nacht,
als das helle Licht
in unsere Welt gebracht.
Es hat in der Nacht,
nun vergeßt es ja nicht,
uns Gott so froh gemacht.

Die drei Räuber

Einst lebten drei Räuber, die waren so gefürchtet, daß manch einer bereits zu zittern begann, wenn man nur von ihnen sprach.
Tagsüber, wenn die Leute ihrer Arbeit nachgingen, schliefen die Räuber tief und fest in ihrer Räuberhöhle, die bisher noch kein Mensch entdeckt hatte.
Gingen die Leute nach getanem Tagewerk aber müde schlafen, dann wurden die Räuber wach und munter. Im Mondlicht kamen sie aus ihrer Höhle heraus und holten ihre Pferde aus dem Versteck. Sie saßen auf und ritten mit „Hey!“ und „Hopp!“ wie die wilde Jagd durch das Land.
Nichts war vor ihnen sicher.
Die Bauersleute sicherten ihre Hoftore nach allen Regeln der Kunst ab. Aber die Räuber sprangen mit ihren Pferden über die Mauer, brachen in die Vorratskammern ein und nahmen alles mit, was sie ihren Pferden nur aufladen konnten.
So jammerte mancher, wenn morgens das Hoftor zwar gut geschlossen und gesichert, die Vorratskammer aber ausgeraubt und leer war, und die Schinken und Würste, der Speck, das Brot und der Honig fehlten.
Noch schlimmer erging es aber demjenigen, der noch spätabends oder gar mitten in der Nacht unterwegs war. Sollte er den Räubern in die Hände fallen, dann mußte er um sein Leben fürchten. Zumindest all sein Hab und Gut, was er bei sich trug, nahmen sie ihm fort. So ging manch einer als reicher Mann des Abends aus dem Haus und kam nur wenige Stunden später halbtot und bettelarm wieder zurück. Und es waren nicht wenige, die lieber in einem teuren Gasthaus in der Stadt übernachteten, als sich spätabends noch auf den Heimweg zu wagen.
So waren die drei Räuber in der ganzen Gegend gefürchtet. Schon

viele tapfere Männer waren allein oder mit mehreren ausgezogen, um ihnen das Handwerk zu legen. Doch unverrichteter Dinge waren sie wieder heimgekommen. Ja, es war ihnen noch nicht einmal gelungen, wenigstens die Räuberhöhle oder das Versteck ihrer Pferde ausfindig zu machen.

So raubten die schlimmen Räuber Jahr für Jahr und wären wohl bis ans Ende ihres Lebens so verdorben und verhaßt geblieben, wenn sie nicht eines Nachts vor einem armseligen Stall angehalten hätten, in dem noch Licht brannte.

Sie kannten den Stall gut. Schließlich waren sie oft genug daran vorbeigeritten. Aber hell erleuchtet, nein, so hatten sie ihn noch nie gesehen.

Ein einsamer, hell erleuchteter Stall. Das hatte doch etwas zu bedeuten! Eine kleine Versammlung? Eine Verschwörung? Wurden vielleicht Schätze oder Geld getauscht?
Und weil die drei Räuber klar erkannten, daß irgend etwas nicht stimmen konnte, zögerten sie nicht länger. Sie sprangen von ihren Pferden herunter, rissen das Stalltor auf, daß es zur Seite schlug, und standen mit gezückten Schwertern im Eingang.
Wie erstarrt blieben sie dort stehen. Denn sie hatten etwas ganz anderes erwartet als das, was sie da vor sich sahen.
Ein kleines Licht stand auf einem Schemel und erleuchtete den Stall. Da konnte man eine Frau und einen Mann erkennen, die eng aneinander gedrückt in einen Futtertrog blickten. Und als die Räuber kamen, entdeckten sie im Stroh der Futterkrippe ein Kind.
„Pst!" machte die Frau, und die drei Räuber zuckten unwillkürlich zusammen.
„Ihr macht das Kind ja wach!" sagte sie leise und mußte ein bißchen lächeln, als sie sah, wie stocksteif die drei in der Tür standen.
„Wenn ihr solchen Krach macht, kann Gottes Sohn nicht schlafen!" sagte sie und winkte die Räuber an die Krippe heran.
Hatte sie Gottes Sohn gesagt?
Hatten sie sich wirklich nicht verhört!
Auf Zehenspitzen und so leise, wie nur Räuber leise sein können, schlichen sie zu der Krippe hin und starrten auf das winzige Kind im Stroh.
Sie wagten kaum zu atmen, um das Kind ja nicht aufzuwecken.
„Gottes Sohn?" fragte einer noch einmal nach. Und als Maria nickte, da ließ er sich tatsächlich vor dem Kind in der Krippe auf seine Knie nieder und faltete die Hände.
Die anderen beiden sahen es mit Erstaunen, blieben noch einen Augenblick unschlüssig stehen und knieten schließlich neben ihrem Anführer nieder.
Was danach geschah, ist schnell erzählt.

Zögernd erhoben sich die drei Räuber nach einer Weile. Sie streichelten ganz behutsam die Beinchen und Füßchen des Kleinen, lächelten dem Mann und der Frau entschuldigend zu und zogen blitzschnell ihre Räuberstiefel aus. Um das Kind ja nicht aufzuwecken, nahmen sie darauf ihre Stiefel in die Hand und gingen – wirklich so leise und verstohlen, wie das nur Räuber können – auf Zehenspitzen zur Tür und in die Nacht hinaus.
Als der Mann hinter ihnen das Stalltor schloß, konnte er sie schon nicht mehr sehen.
Und die Räuber, ja, die Räuber blieben seit dieser Zeit verschwunden, und keiner hat sie jemals wieder gesehen oder gar etwas von neuen Räubereien gehört.
Es blieb viele Jahre lang so friedlich in der Gegend wie noch nie vorher.

Es gibt auch ein *Lied von den drei Räubern* von Rolf Krenzer und Ludger Edelkötter auf der Doppel-MC „Kinderlieder – Krippenspiele“ – im Impulse-Musikverlag, Drensteinfurt.

Der helle Stern

Text: Rolf Krenzer, Melodie: Martin Göth

Der helle Stern,
der helle Stern
bleibt überm Stall dort stehen.
Der helle Stern,
der helle Stern
will nicht mehr weitergehen.
Und wir gehen, und wir gehen
und wissen, daß wir richtig sind,
denn wir sehen, denn wir sehen
die Krippe mit dem Kind.

Der helle Stern,
der helle Stern
bleibt überm Stall dort stehen.
Der helle Stern,
der helle Stern,
der weiß, was hier geschehen.
Laßt uns gehen, laßt uns gehen.
Gott stieg herab vom Himmelsthron.
Laßt uns sehen, laßt uns sehn:
Gott schenkt uns seinen Sohn.

Der helle Stern,
der helle Stern
ist unser Wegbegleiter.
Der helle Stern,
der helle Stern,
der führt uns immer weiter.
Und wir fragen, und wir fragen
an jedem Haus und jeder Tür;
und wir fragen, und wir fragen:
Ist wohl der König hier?

Da kommen drei Könige

Dreikönigsspiel

Es spielen mit: Ein Spieler, der den Stern trägt und vor den drei Königen herzieht; die drei Könige Kaspar, Melchior und Balthasar; die Sprecherin und der Sprecher; vier Frauen und vier Männer.

Ein langer Zug von Frauen und Männern zieht hinter den drei Königen her. Es können auch noch Maria und Josef und die Krippe im Hintergrund aufgestellt werden, dazu Ochsen, Schafe, Esel, Katzen usw. So viele, daß kein Kind übrig bleiben muß.

Sprecher:	Da kommen drei Könige, drei edle Herrn!
Sprecherin:	Drei Könige folgen dem hellen Stern.
Balthasar:	Ich bin der König Balthasar. Seht nur den Stern, so hell und klar!
Kaspar:	Ich bin König Kaspar und ging so weit. Ich folge dem Stern schon so lange Zeit!
Melchior:	Und König Melchior, der bin ich! Seh' ich den Stern, dann freu' ich mich!
Sprecher:	Das sind die drei Könige, drei edle Herrn!
Sprecherin:	Drei Könige folgen dem hellen Stern.
Balthasar:	He, Leute, wißt ihr vielleicht Bescheid? Wir sind unterwegs schon so lange Zeit!
Kaspar:	Wir folgen so lang schon dem hellen Stern. Wir suchen den neuen König, den Herrn!
Melchior:	Der Stern am Himmel weiß viel, viel mehr. Drum ziehen wir alle hinter ihm her.
Sprecher:	Seht ihr die drei Könige, drei edle Herrn?
Sprecherin:	Drei Könige folgen dem hellen Stern.

1. Mann:	Hört zu, ihr Männer, wir wissen nicht viel.
1. Frau:	Vielleicht seid ihr hier aber richtig am Ziel!
2. Mann:	Seht ihr den Stall dort drüben stehn?
2. Frau:	Ihr solltet zu dem Stall schnell gehn!
3. Mann	Ich weiß, daß dort zwei arme Leute sind.
3. Frau:	Und in der Krippe liegt ein Kind!
4. Mann:	Es kamen Hirten, die sagten schon, das Kind im Stall sei Gottes Sohn.
4. Frau: 	Drum haben sie sich in der dunklen Nacht sogleich zu ihm auf den Weg gemacht.
5. Mann:	Das Kind liegt im Stall auf Heu und Stroh.
5. Frau:	Doch heißt es, es macht alle Menschen froh.
6. Mann:	Es kam zu uns, daß sich jeder freut!
6. Frau:	Besonders die kleinen und armen Leut'!
Die drei Könige:	Ein Wunder ist in dem Stall geschehn! Drum laßt uns schnell zu dem König gehn. Der König ist groß und wunderbar! Auf, Melchior, Kaspar und Balthasar!
Sprecher:	Da gehn die drei Könige, die edlen Herrn!
Sprecherin:	Und über dem Stall leuchtet hell der Stern.
Die Frauen und Männer:	Da bleiben wir auch nicht länger stehn. Auf, laßt uns schnell mit den Königen gehn! Das Kind in der Krippe ist Gottes Sohn. Es wissen immer mehr davon.

Alle laufen hinter dem Sternträger und den Königen zum Stall. Als alle im Stall sind, schließt sich die Tür. Nur der Sternträger bleibt mit seinem Stern davor stehen. Als Abschluß des Spiels können alle das Dreikönigslied „Der helle Stern" singen.

Ein neues Jahr

Text: Rolf Krenzer, Melodie: Martin Göth

Viel Mut und Hoffnung wünschen wir,
in Liebe gut geborgen.
Gott ist ja allezeit bei dir.
Da brauchst du dich nicht sorgen.

Steht Glück und Sonne dir ins Haus,
dann teile froh und heiter
das, was du hast, an andre aus.
Gib deine Freude weiter.

Die kleinen Heiligen Drei Könige

Den Marc, den Tommy und den Jonathan hat es sehr geärgert, daß im letzten Jahr die großen Jungen aus der Schule die Heiligen Drei Könige gespielt haben. Wer noch in den Kindergarten ging, dem blieb nichts anderes übrig, als hinter ihnen herzulaufen. Ohne Krone! Ohne feinen Mantel! Ohne Kreide! Und geschenkt wurde einem natürlich auch nichts.

Nein, das würde in diesem Jahr ganz anders werden. Jedenfalls hatten sich das die drei kleinen Jungen ganz fest vorgenommen.

Tommys Mutter war auch gern bereit, mit ihnen die Kronen zu basteln. Und sie schneiderte aus altem Stoff wunderschöne, prächtige Mäntel, in denen sich die kleinen Könige fast verstecken konnten.

„Wollt ihr im Kindergarten ein Dreikönigsspiel spielen?“ fragte sie.

Die drei nickten ernst mit ihren Kronen auf dem Kopf. „Wir spielen es überall!“ sagten sie und sangen Tommys Mutter das Lied vor, das sie gestern im Kindergarten gelernt hatten:

„Wer steht vor deiner Tür?
Wer steht vor deiner Tür?
Drei Könige mit ihrem Stern,
die stehn vor deiner Tür.
Drei Könige mit ihrem Stern,
die stehn vor deiner Tür
und wollen heut zu dir!“

„Schön!“ sagte Tommys Mutter und nickte ihnen freundlich zu.
„Wie spät ist es?“ fragte Jonathan.
„Bald fünf!“ meinte Tommys Mutter. „Es wird schon dunkel!“
„Wir gehen noch mal zu Jonathan!“ sagten die drei Könige.
Jonathan wohnte ganz am anderen Ende der Straße. Es war ein ziemlich weiter Weg bis zu Jonathan, aber sie waren ihn schon oft zusammen gegangen.
Tommys Mutter nickte nur. „Um sieben Uhr essen wir zu Abend!“ sagte sie noch, und Tommy nickte. Das wußte er doch sowieso. Sie aßen immer um sieben Uhr zu Abend, weil dann Papa aus der Stadt zurückkam, wo er sein Geschäft hatte. Und dann gingen drei einsame kleine Könige durch die Straße, gingen hintereinander her und ihre goldenen Kronen aus Goldfolie glänzten im Mondenschein.
Sie gingen ein paar Häuser weiter und schellten dann beim fünften Haus. Als die Tür geöffnet wurde, sangen sie mit feinen Stimmen das Dreikönigslied und blickten den alten Mann und die alte Frau in der Haustür ernst und feierlich an.
„Ihr seid aber früh!“ sagte der alte Mann.

„Wir müssen um sieben wieder zu Hause sein!“ gaben die kleinen Könige zur Antwort. Da fragte der Mann nicht weiter, griff nach seinem Portemonnaie und übergab ihnen einen zusammengefalteten Schein.
„Danke!“ sagte die alte Frau. „Ihr habt wirklich schön gesungen!“
Dann sahen sie Jonathan zu, der mit Kreide eine große Krone auf die Haustür zeichnete.
„Das ist auch anders als sonst!“ meinte der alte Mann.
„Besser!“ antwortete Jonathan leise. „Viel besser!“
Er brauchte ihnen ja nicht zu erzählen, daß er die Buchstaben, die sonst die drei Könige über die Tür schrieben, noch nicht im Kindergarten gelernt hatte.
Sie winkten freundlich und gingen dann mit großen Schritten ernst und feierlich zum nächsten Haus.
„Ihr seid aber früh!“ Wieder dieselbe Frage und Antwort: „Wir müssen um sieben wieder zu Hause sein!“

„Ein schönes Lied habt ihr gesungen!“ sagte die Frau und gab Tommy einen Geldschein. „Anders als sonst die Jahre!“
„Ja, vieles ist anders geworden!“ stimmte Marc zu und zeichnete eine große Krone auf die Haustür.
„Aber sehr schön ist das!“ sagte die Frau und strich Marc über den Kopf. „Es wird also doch nicht alles schlechter!“
Die drei kleinen Könige gingen feierlich weiter von einem Haus zum anderen. Manche Leute wunderten sich, daß sie schon so früh kamen, gaben sich aber mit ihrer Antwort zufrieden. Andere fragten gar nicht weiter nach, sondern spendeten gleich aus dem Portemonnaie. Das Lied gefiel so ziemlich allen. Nur ein paar Leute waren nicht ganz damit einverstanden, daß nur die Krone auf die Haustür gezeichnet wurde. Sie hätten so gern die Anfangsbuchstaben der Namen der Könige und die Jahreszahl über der Tür stehen gehabt. Doch die drei Jungen verwiesen so beharrlich darauf, daß in diesem Jahr Kronen an der Haustür dran waren, daß sich die Leute dann doch zufrieden gaben.
Nur am Ende der Straße gab es Ärger. Dort wohnte nämlich der große Jupp, und der Jupp war ganz und gar nicht mit den drei kleinen Königen einverstanden. Der große Jupp sollte in diesem Jahr einer der drei Könige sein, und zwar der schwarze Melchior. Jetzt merkte er, daß ihm die drei kleinen Könige zuvorgekommen waren.
„Dreikönig ist erst übermorgen!“ schrie er sie wütend an. „Und dann dürft ihr nicht die Könige sein!“
„Wollen wir auch nicht!“ sagte Tommy tapfer. „Deshalb sind wir ja heute gegangen!“
„Am 4. Januar kann kein Mensch als Dreikönige gehen!“ brüllte Jupp.
„Doch!“ sagten die drei kleinen Könige tapfer und blickten unter sich.
„Und was machen wir am 6. Januar?“ fragte Jupp und wurde immer leiser.

„Ihr könnt doch noch einmal gehen!“ schlug Marc vor.
Jupp stand da wie ein begossener Pudel. „Haut endlich ab!“ rief er schließlich und knallte die Tür zu.
Jonathan malte noch eine große Krone auf die Haustür. Dann beschlossen sie, daß sie nun lange genug die drei Könige gewesen waren.
Jetzt wollten sie aber noch schnell das Geld beim Pfarrer vorbeibringen. Daß das Sternsingergeld für eine Kinderklinik in Südamerika bestimmt war, das hatten sie bereits im Kindergarten erfahren.
Beim Pfarrer warteten schon drei grollende Jungen, die übermorgen die drei Könige sein wollten und nun von Jupp alles erfahren hatten.
Doch es gelang dem Pfarrer, die großen und kleinen Jungen miteinander zu versöhnen. Und am Sonntag erzählte er im Gottesdienst von den kleinen Heiligen Drei Königen, die gestern unterwegs gewesen waren und fleißig gesammelt hatten. Da ging ein Schmunzeln über die Gesichter der Leute. Ein Mann stand sogar auf und sagte laut, daß das neue Lied der kleinen Sternsinger ganz besonders schön gewesen sei.
„Unsere richtigen Sternsinger werden es auch noch lernen!“ sagte der Pfarrer. Dann bat er die Gemeinde, die richtigen Sternsinger gebührend zu empfangen und nicht zu kleinlich mit den Spenden zu sein.
Und am 6. Januar, als die drei Könige durch die Straßen zogen, mußten die kleinen drei Könige mit. Sie gingen im Zug gleich hinter den drei richtigen Königen her und sangen mit feierlicher Stimme ihr Lied, das sie im Kindergarten gelernt hatten. Als das Lied zu Ende war, klatschten die Leute laut Beifall. Die drei großen Jungen klatschten auch und lachten ihnen zu.
Da wußten die kleinen Könige, daß ihnen die großen Könige wieder gut waren. So sangen sie gleich noch einmal so schön, und die großen stimmten froh in ihr Lied mit ein.

FREUT EUCH:
BALD IST´S NICHT
MEHR KALT!

Am Fastnachtsdienstag

Am Fastnachtsdienstag, kommt nur her,
da kennt ihr uns bestimmt nicht mehr.
Verrückt hoch drei ist jeder dann
und hat am meisten Spaß daran.
Wir laden Fastnacht alle ein!
Vielleicht fällt euch auch noch was ein,
daß jeder lacht
und froh mitmacht
und sagt: „Wer hätte das gedacht?"

An jedem Fuß trägt Jutta einen Zopf
und ihre Filzpantoffeln hat sie auf dem Kopf.

Und Olav hat sein Haar gefärbt und über Nacht
die hellen Locken alle grün und blau gemacht.

Die Eva zog sich Opas Riesenhosen an,
die rutschen dauernd, daß sie kaum noch gehen kann.

Und Holger kommt in Tante Lucies Stöckelschuh
und stolpert mit den Stöckelschuhen immerzu.

Im Badeanzug kam der Philipp, und er war so froh.
Jetzt steht er da und friert wie'n nackter Eskimo.

Als Lolly geht die Dorothee und schreit ganz schrill,
weil jeder kommt und immer an ihr lutschen will.

Als Blümchen kam die Karin und sie sucht das Haus
jetzt überall nach einem lieben Bienchen aus.

Als Harzer Käse kamen Dieter und sein Bruder Knut.
Und wo die beiden stehn, ihr Leut', da riecht's nicht gut.

Als Struwwelpeter kam der Jörg und freut sich bis zum Schluß,
daß er sich heut den ganzen Tag nicht kämmen muß.

Weil Klaus in grünes Packpapier sich eingewickelt hat,
kommt er zur Fastnachtsfeier heut' als Kopfsalat.

Wenn einem noch was einfällt, soll uns das sehr freun.
Er wird bestimmt am Fastnachtsdienstag bei uns sein.

Am Fastnachtsdienstag, kommt nur her,
da kennt ihr uns bestimmt nicht mehr.
Verrückt hoch drei ist jeder dann
und hat am meisten Spaß daran.
Wir laden Fastnacht alle ein!
Vielleicht fällt euch auch noch was ein,
daß jeder lacht
und froh mitmacht
und sagt: „Wer hätte das gedacht?"

Tante Doris feiert mit

Alle haben Tante Doris gern. Eigentlich heißt sie Frau Bachmüller. Aber jeder sagt Tante Doris zu ihr. Früher hat Tante Doris im Kindergarten gearbeitet. So wie Karin und Margret, aber das ist schon lange her. Damals gingen Arnes Mutter und Juttas Vater zu ihr in den Kindergarten. Da waren die Eltern selbst noch Kinder.
Tante Doris ist schon ziemlich alt. Sie hat keinen Mann und keine Kinder. Früher hat sie ganz allein in dem kleinen Haus am Meisenweg gewohnt. Aber seit einigen Jahren wohnen Ali, Ayan und Taskin oben in den drei Zimmern. Sie haben sogar eine kleine Küche.
Die drei Männer sind aus der Türkei nach Deutschland gekommen. Sie arbeiten in der großen Fabrik am Ende der Stadt. Und sie verstehen sich gut mit Tante Doris. Sehr gut.
Als der Kindergarten Fastnacht feiert, wird auch Tante Doris eingeladen. Das ist jedes Jahr so. Und Tante Doris feiert gern mit. Am meisten freuen sich die Kinder, daß sich Tante Doris als ein lustiger Clown verkeidet und für alle Kinder bunte Luftballons mitbringt.
Am Fastnachtsdienstag um zwei soll das Fest beginnen.
„Ich lade euch heute alle zum Mittagessen ein!“ sagt Tante Doris zu den Türken am Morgen. „Ich koche euer Lieblingsessen! Dafür müßt ihr mir auch etwas helfen. Zu viert sind wir auch schnell fertig!“
Natürlich helfen Ayan, Ali und Taskin gern. Sie kommen extra in der Mittagspause nach Hause. Tante Doris kann ausgezeichnet kochen. Und sie kennt viele gute Rezepte aus der Türkei.

„Oh!“ sagen die drei Männer, als Tante Doris das Essen auf den Tisch bringt.
„Wunderbar!“ lacht Ali und nimmt sich noch einen Teller voll. Taskin schöpft sich sogar dreimal auf. So gut schmeckt es allen.
„Zuerst das Vergnügen, dann die Arbeit!“ sagt Tante Doris schließlich und räumt schnell den Tisch ab. Die Männer helfen ihr dabei. Dann holt sie eine große Tüte voll Luftballons.
„Die müssen wir alle aufblasen!“ sagt Tante Doris. „Ob ihr so viel Puste habt und es schafft?“ fragt sie.
Da lachen die drei und fangen gleich an. Sie sind stark und haben viel Puste. Da geht das Aufblasen schnell voran. Tante Doris hätte das niemals allein geschafft.
Schon sind sie fertig. Sie helfen noch, an jeden Luftballon einen dünnen Strick zu binden, dann müssen sie wieder zur Arbeit.
„Dankeschön!“ ruft Tante Doris ihnen nach.
„Wir haben zu danken!“ lachen die Männer. „So gut hat es uns schon lange nicht mehr geschmeckt.“
Jetzt wird es auch Zeit für Tante Doris. Sie zieht schnell die bunten Clownskleider an, setzt das grüne Hütchen mit der gelben Feder auf den Kopf und steckt sich die rote Pappnase ins Gesicht. Dann malt sie sich das Gesicht noch bunt an, schlüpft in die riesigen Clownsschuhe und zieht die weißen Handschuhe über die Hände. Fertig ist der Clown.
Sie nimmt die vielen Luftballons an den Schnüren und macht sich zu Fuß auf den Weg in den Kindergarten. Es ist nicht weit.
Mit lautem Lachen und viel Geschrei wird der Clown im Kindergarten von den Kindern empfangen. „Luftballons!“ rufen die Kinder begeistert. Und der Clown hat genug für alle.
Es wird ein schönes Fest.
Erst dann, als der erste Luftballon platzt, schnuppern Karin und ein paar Kinder, die in der Nähe stehen. Es riecht so seltsam.
Und als immer mehr Luftballons platzen, schnuppern immer mehr.

„Es stinkt nach Knoblauch!“ schreit schließlich der kleine Jan und hält sich mit beiden Händen die Nase zu.
„Ja, Knoblauch!“ brüllen die andern. „Es stinkt! Es stinkt!“
„Woher kommt nur der Geruch?“ fragt Margret erstaunt.
Immer mehr Luftballons platzen, und es riecht immer stärker.
„Es kommt aus den Luftballons!“ ruft Jutta schließlich.
„Ja, aus den Luftballons!“ bestätigt Karin und blickt Tante Doris fragend an.
Da versteht endlich auch Tante Doris, was die Kinder rufen.
„Knoblauch!“ sagt sie dann und wiederholt es noch ein paarmal. „Knoblauch! Knoblauch! O weh! O weh!“ murmelt sie dann vor sich hin.
„Wir hatten heute ein ganz wundervolles Mittagessen!“ sagt sie schließlich. „Es hat uns allen ganz vorzüglich geschmeckt. Scharf und mit viel, viel Knoblauch! Dann haben wir alle zusammen die Luftballons aufgeblasen!“
„Und jetzt kommt der Knoblauchduft aus den Luftballons wieder heraus!“ ruft Margret und muß lachen. Sie rennt zu den Fenstern und reißt sie weit auf. Es wird zwar für einen Augenblick richtig kalt im Raum. Doch der Gestank aus den Luftballons verflüchtigt sich auch. Bald kann Margret die Fenster wieder schließen.
Und schon geht es weiter mit Singen und Tanzen.
Nur Tante Doris sitzt auf einem Stuhl, nippt an einer Fanta, und schüttelt immer wieder den Kopf. Sie kann es nicht fassen, was da passiert ist. Mit keinem Gedanken hat sie daran gedacht, daß alle Luftballons voll Knoblauchpuste waren.
Da klettert die kleine Anna, die gleich neben Tante Doris wohnt, zu ihr auf den Schoß.
„Nächstes Jahr mußt du was anderes nehmen, Tante Doris!“ sagt sie und kuschelt sich ganz eng an. „Vielleicht Parfüm oder Zitrone!“
Tante Doris streicht der kleinen Anna zärtlich über das Haar, drückt sie fest und lacht.

Was ziehe ich zur Fastnacht an?

Was ziehe ich zur Fastnacht an,
daß man mich nicht erkennen kann?

Eine schwarze Augenklappe,
eine Nase ganz aus Pappe,
falsche Locken auf dem Kopf,
einen langen Hängezopf,
um den Zopf zwei rote Scheifen,
an den Armen Glitzerreifen,
Ohrringe, ganz lang und bunt,
wie beim Clown so groß der Mund,
Opas neuen Wanderstock,
Omas alten Unterrock,
Handschuhe, die nicht zu dick,
Mamas Hut, modern und schick,
Papas nagelneue Schuh,
Onkel Tonis Schlips dazu,
auf den Kopf den Federhut
und Parfüm von Tante Ruth.

Leute, kommt und seht mich an!
Und jeder staunt, so gut er kann.

Alles wird mit Gesten begleitet.
Das Gedicht läßt sich auch als Bandwurm-Gedicht darstellen: Man beginnt immer wieder mit den beiden ersten Zeilen, hängt aber jedesmal eine weitere Zeile an, so daß das Gedicht bei jeder Wiederholung um eine Zeile länger wird.

Fastnachtslied

Text: Rolf Krenzer, Melodie: Martin Göth

Ich laß mich als Matrose sehn.
Und du? Und du?
Ich werd' als Dinosaurier gehn.
Was sagst du nun … usw.

Ich geh als Monster! Schau genau!
Und du? Und du?
Dann komme ich als Monsterfrau!
Was sagst du nun … usw.

Als Zauberer verkleid' ich mich.
Und du? Und du?
Die alte Hexe, die bin ich!
Was sagst du nun … usw.

Ich komme als ein Riese an!
Und du? Und du?
Dann gehe ich als Heinzelmann!
Was sagst du nun … usw.

Als Ballerina will ich gehn!
Und du? Und du?
Dann kannst du mich als Tarzan sehn!
Was sagst du nun … usw.

Ich komme als ein Cowboy an.
Und du? Und du?
Ein Indianer bin ich dann.
Was sagst du nun … usw.

Ich komme als ein Astronaut.
Und du? Und du?
Ich bin die wilde Räuberbraut!
Was sagst du nun … usw.

Komm ich als Kasper, wird man schaun.
Und du? Und du?
Ich komm als bunter Zirkusclown.
Was sagst du nun … usw.

Schneeglöckchen im Winter

Text: Rolf Krenzer
Melodie: Martin Göth

Tulpen fangen dann
bald zu blühen an.
Aus dem Garten vor dem Haus
leuchtet's rot und gelb hinaus.

Refrain
Freut euch, Kinder, dann,
dann, dann, dann
fängt der Frühling an.

Heller Sonnenschein
dringt zu dir herein.
Frühling liegt heut in der Luft.
und die Welt voll Blumenduft.

Refrain
Zieht der Frühling ein,
ein, ein, ein …
Was kann schöner sein?

Wer bleibt da im Haus?
Kommt mit mir hinaus!
Singt und laßt uns fröhlich sein
heut im Frühlingssonnenschein.

Refrain
Lacht den Winter aus,
aus, aus, aus.
Kommt mit mir hinaus!

Ach Doktor, lieber Doktor! oder Der dumme August und sein Zahn

Szene aus „Der dumme Augustin“ von Otfried Preussler, die sich zur Aufführung an Fastnacht eignet.

Es spielen mit:
Leute im Wartezimmer, der Zahnarzt, seine Assistentin und der dumme August. Dazu Kinder, die singen und auf den Instrumenten spielen.

Requisiten und Kostüme:
Zahnarzt: weißer Kittel, Spritze, Zange, Wasserglas, Zahnbesteck usw.
Assistentin: weißer Kittel, Karteikarten, Kugelschreiber
Patienten: normale Straßenkleidung
Der dumme August: lustiges Kostüm, auch den Mund und das Gesicht bemalt.

Bühne: Das Orchester (Orff-Instrumente, Kleines Schlagwerk, Rhythmus-Koffer, evtl. auch Melodie-Instrumente) und der Chor sitzen im Halbkreis, Zahnarztstuhl und Instrumentenbrett im Mittelpunkt und Wartezimmer vor oder seitlich der Bühne.

Spielverlauf

1.Szene

Orchester spielt die Melodie des Liedes. Falls keine Melodieinstrumente eingesetzt werden können, wird die Melodie gesummt. Zahnarzt und Assistentin sind noch nicht zu sehen. Das Wartezimmer ist leer.

Aus der Ferne hört man den dummen August brüllen. Das Gebrüll wird immer stärker. Er stürzt in das Wartezimmer. Er trägt einen dicken Schal um das Gesicht gebunden und jammert.

August: Au! Aua! O weh! Au!
Er setzt sich und reibt sich die Backe.

August: Owehowehowehowehoweh!
Er legt sich auf die Stuhlreihe.

August: Ohhhhhh! *Er springt auf, hockt sich auf einen Stuhl und hält sich mit beiden Händen den Kopf.*

1. Patient(in): *kommt* Guten Tag.

August: Ohhhhhh!

1. Patient(in): Ist der Doktor noch nicht da?

August: Auauauauau!

1. Patient(in): Na, dann warte ich noch etwas!

August: Eieieieieieiei!

2. Patient(in): *kommt* Guten Tag.

1. Patient(in): Guten Tag.

2. Patient(in): Ist der Stuhl noch frei?

August: Das sieht man doch ... Auauauauauaua!

3. Patient(in): *kommt* Guten Tag.

1. + 2. Patient(in): Guten Tag.

3. Patient(in): Ist dieser Stuhl noch frei?

2. Patient(in): Ja.

3. Patient(in): Mein Zahn muß gefüllt werden!

1. Patient(in): Ich komm nur zum Nachschauen!

2. Patient(in): Ich bekomme ein Gebiß.

1. Patient(in):	Das ist sicher sehr teuer?
2. Patient(in):	Ich hoffe, daß die Krankenkasse alles bezahlt.
3. Patient(in):	Ich habe ein Bonbon gegessen, ordentlich gekaut ... Peng, war die Füllung draußen.

Während des Gesprächs rutscht der dumme August auf seinem Stuhl hin und her, steckt den Kopf unter den Stuhl, reibt sich die Backe und jammert und wimmert unaufhörlich.
Inzwischen kommt der Arzt. Er zieht sich seinen Kittel an, wäscht sich die Hände. Auch die Assistentin zieht sich den Kittel an. Dann geht sie in das Wartezimmer.

Assistentin:	So, wer kommt jetzt dran?

Stille. Der dumme August sitzt da, als ginge ihn das alles nichts an.

1. Patient(in):	Dieser Herr da! *Er/sie deutet auf den dummen August. Der dumme August faltet die Hände und blickt teilnahmslos unter sich.*
Assistentin:	Sie?
August:	*deutet entschlossen auf den 1. Patienten* Sie dürfen zuerst, weil sie so lieb sind!
1. Patient(in):	*zuckt mit den Schultern* Na, wenn Sie meinen. Es dauert auch nicht lange.

Assistentin führt ihn/sie herein.

2. *Szene:*

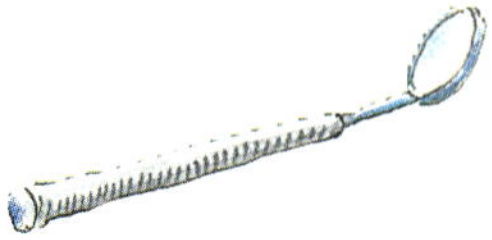

Assistentin:	Sie kommen zum Nachschauen, Herr (Frau) Peters?
1. Patient(in):	Ja.
Assistentin:	Bitte nehmen Sie Platz!

Der Zahnarzt schaut in den geöffneten Mund, überprüft das Gebiß, ist zufrieden und nickt. Zum Schluß begleitet die Assistentin den 1. Patienten hinaus. Während der Szene jammert der dumme August leise vor sich hin.

Assistentin: Nun sind Sie aber dran!

August: Nein, der Herr da! (Die Dame da!)

2. Patient(in): Aber Sie sind doch dran!

August: Ich habe Zeit. Oh, was habe ich Zeit! Mindestens zehn Stunden lang!

2. Patient(in): Naja, wie Sie wollen!

Assistentin führt ihn/sie hinein.

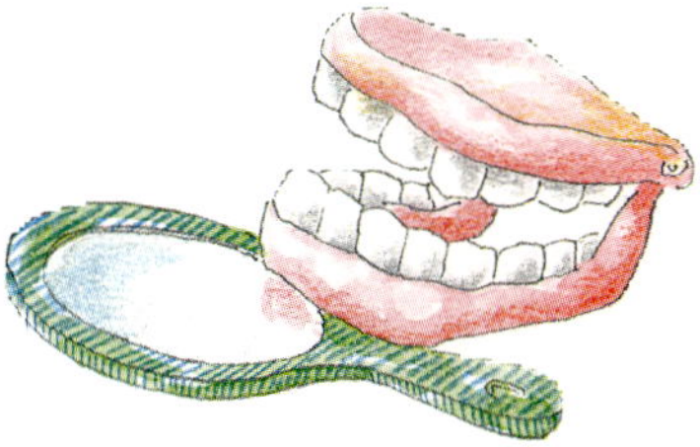

3. Szene

2. Patient(in): Ist das Gebiß schon fertig?

Assistentin: Zuerst muß der Doktor noch einmal nachschauen. Bitte nehmen Sie Platz.

Der Zahnarzt untersucht den Patienten/die Patientin.

Zahnarzt: Alles in Ordnung. Und das Gebiß paßt tadellos.

Die Assistentin bringt einen Spiegel. Der Patient schaut hinein, zeigt die Zähne und lacht. Verabschiedet sich von dem Zahnarzt. Die Assistentin führt ihn/sie hinaus. Auch während dieser Szene hat der dumme August deutlich seinen Schmerz ausgespielt.

4. Szene

Assistentin: Wollen Sie jetzt wieder nicht?

August: Dieser Herr hat schreckliche Zahnschmerzen. Ich lasse ihn vor.

3. Patient: Aber das stimmt doch gar nicht!

August: Sie werden aber welche bekommen, wenn Sie noch länger warten. Bitte, bitte, gehen Sie zuerst hinein.

Assistentin: Na, kommen Sie.
Sie führt den dritten Patienten hinein.

5. Szene

Zahnarzt: Na, Sie waren ja lange nicht mehr hier.

3. Patient: Meine Füllung! Ich habe ein Bonbon gegessen, ordentlich gekaut ... Peng, war die Füllung draußen.

Zahnarzt: Na, dann sehen wir uns den Zahn mal an.
Der Zahnarzt schaut in den Mund.
Ein bißchen muß ich bohren. Dann gibt es eine neue Füllung.
Er bohrt. Danach füllt er mit Hilfe der Assistentin den Zahn.

3. Patient: Dankeschön, Herr Doktor. Es hat überhaupt nicht wehgetan.

Assistentin: Draußen sitzt noch ein komischer Mann.

Zahnarzt: Wie bitte?

Assistentin: Der dumme August aus dem Zirkus! Er will nicht hereinkommen.

Zahnarzt: Den hole ich mir selber!

Zahnarzt, Assistentin und 3. Patient gehen ins Wartezimmer. Der dumme August hat währenddessen nur gelitten. Er hat auf den Stühlen lang gelegen, hat auf einem Stuhl gehockt, hat sich die Backe gerieben und gewimmert.

6. Szene

Zahnarzt: Das ist also der dumme August! Wie habe ich gestern über Sie im Zirkus gelacht. Es war so lustig!

August: Heute ist es gar nicht lustig.

Zahnarzt: Sie sind verkehrt herum auf einem Esel geritten. Haben Sie keine Angst?

August: Angst kenne ich nicht!

Zahnarzt: Dann kommen Sie doch herein!

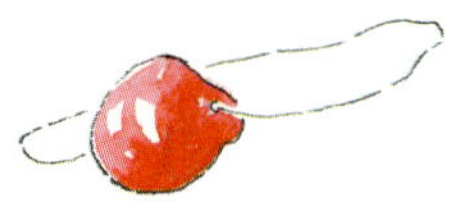

August beginnt ganz fürchterlich zu jammern.

Zahnarzt: Ja, Sie sind der letzte Patient. Wenn Sie nicht wollen, schließe ich die Praxis.

August: Und dann?

Zahnarzt: Dann müssen Sie morgen wiederkommen.

August: Auauaauauau!

Zahnarzt: Also? Kommen Sie jetzt?

Der dumme August schleicht in den Behandlungsraum und setzt sich unter den Stuhl.

Das folgende Lied kann von Zahnarzt und August im Duett gesungen werden, ebenfalls vom Chor oder von zwei Gruppen im Wechsel. Chor und Solisten können im Wechsel singen. Der Chor kann auch einen Part, z. B. den des Zahnarztes übernehmen. Während des folgenden Duetts holt der Zahnarzt den dummen August unter dem Stuhl hervor und bringt es fertig, trotz Augusts großer Angst den Zahn zu ziehen und August von seinem Schmerz zu befreien. Zum Schluß zeigt der Zahnarzt dem dummen August den Zahn, der sich überschwenglich bei ihm bedankt.
Zur letzten Strophe gehen Zahnarzt und Assistentin mit dem dummen August in der Mitte nach vorn und winken in das Publikum.

Zahnarzt-Duett

August, anschließend Chor: Ach, Doktor, lieber, lieber Doktor,
oje, jemine.
Ach, Doktor, lieber, lieber Doktor.
Mein (sein) Zahn tut so weh!

Zahnarzt: Komm herein,
dummer, dummer August
und stell dich nicht so an.
Komm herein,
dummer, dummer August
und zeig mir deinen Zahn.

August,
anschließend Chor:

Ach Doktor, lieber, lieber Doktor,
hier hinten, oje.
Ach, Doktor, lieber, lieber Doktor.
Gelt, Sie tun mir (ihm) nicht weh!

Zahnarzt:

Dein Zahn,
dummer, dummer August,
dein Zahn sieht bös aus.
Dein Zahn,
dummer, dummer August,
dein Zahn muß heraus.

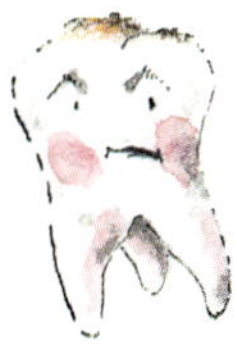

August,
anschließend Chor:

Ach Doktor, lieber, lieber Doktor,
oje, jemine.
Ach, Doktor, lieber, lieber Doktor.
Gelt, Sie tun mir (ihm) nicht weh!

Zahnarzt:

Eine Spritze,
dummer, dummer August,
sie betäubt alles schon,
Eine Spritze,
dummer, dummer August,
du spürst gar nichts davon.

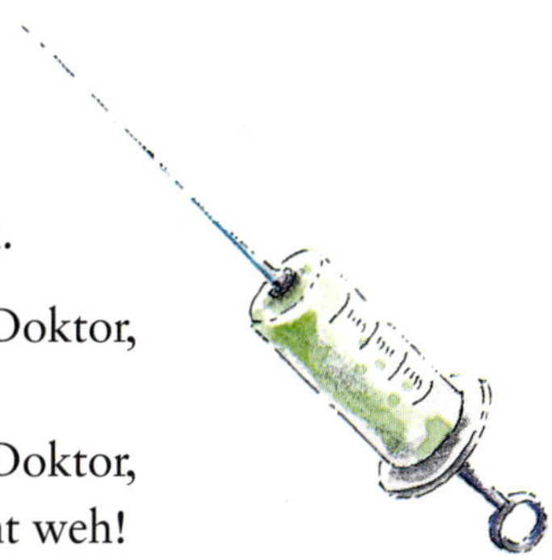

August,
anschließend Chor:

Eine Spritze, lieber, lieber Doktor,
oje, jemine.
Eine Spritze, lieber, lieber Doktor,
gelt, Sie tun mir (ihm) nicht weh!

Zahnarzt:

Nur ’ne Spritze,
dummer, dummer August,
mach doch nicht so’n Geschrei.
Nur ’ne Spritze,
dummer, dummer August!
Schau, das ist schon vorbei!

August, anschließend Chor:	Und nun, lieber, lieber Doktor, oje, jemine. Und nun lieber, lieber Doktor, gelt, Sie tun mir (ihm) nicht weh!
Zahnarzt:	Jetzt die Zange, dummer, dummer August! Das ist schnell getan. Ja, die Zange, dummer, dummer August. Schau, da ist schon der Zahn!
August, anschließend Chor:	Ach Doktor, lieber, lieber Doktor, owei und oweh. Ach, Doktor, lieber, lieber Doktor. Mir (ihm) tut gar nichts mehr weh!
Zahnarzt	Leb' wohl, dummer, dummer August, und geh gleich nach Haus. Zwei Stunden lang darfst du nichts essen und ruhe dich aus.
August, anschließend Chor:	Vielen Dank, lieber, lieber Doktor, jetzt ist alles okay. Vielen Dank, lieber, lieber Doktor, lieber Doktor, ade!
Zahnarzt, August, Assistentin u. Chor:	Na, denn tschüß, liebe, liebe Leute, jetzt ist alles okay. Na, denn tschüß, liebe, liebe Leute, na, denn tschüß und ade.
August:	Beim nächsten Mal habe ich keine Angst mehr!

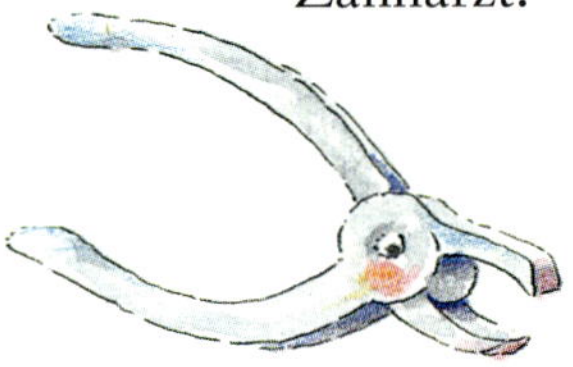

Text: Rolf Krenzer, Melodie: Inge Lotz,
aus: Rolf Krenzer: Heute spielen wir Theater, Edition Kemper im Verlag Ernst Kaufmann.

Das Lied „Ach Doktor, lieber Doktor“ ist auf der Treffpunkt-MC „Bald tut es nicht mehr weh“ im Lahn-Verlag, Limburg zu hören.